HELMUT HABERSTUMPF

Die Formel vom Anstandsgefühl aller billig und gerecht Denkenden in der Rechtsprechung des BGH

Schriften zur Rechtstheorie

Heft 47

Die Formel vom Anstandsgefühl aller billig und gerecht Denkenden in der Rechtsprechung des Bundesgerichtshofs

Eine Untersuchung über juristische Argumentationsweisen

Von

Dr. Helmut Haberstumpf

DUNCKER & HUMBLOT / BERLIN

Gedruckt 1976 bei Buchdruckerei Bruno Luck, Berlin 65
Printed in Germany
ISBN 3 428 03553 4
D 29

Vorwort

Die vorliegende Arbeit wurde vom Fachbereich Rechtswissenschaft der Friedrich-Alexander-Universität, Erlangen-Nürnberg, als Dissertation angenommen. Sie wurde im August 1974 abgeschlossen.

Mein besonderer Dank gilt Herrn Prof. Dr. Heinrich Hubmann, der den Anstoß zu dieser Arbeit gab und sie durch wertvolle Ratschläge förderte.

Großen Dank schulde ich Herrn Dr. Johann Paul Bauer. Er unterstützte mich durch wichtige Hinweise und wertvolle Kritik. Schließlich wende ich mich mit Dank an Herrn Ministerialrat a.D. Dr. J. Broermann, der sich zur Veröffentlichung meiner Dissertation in dieser Schriftenreihe bereitfand.

Nürnberg, im Juli 1975

Der Verfasser

Inhaltsverzeichnis

I. Abriß über Gang und Ergebnisse der Untersuchung

Die vorliegende Arbeit gliedert sich in zwei Teile. Der erste Teil beschäftigt sich mit der Untersuchung, welche Rolle die Formel vom Anstandsgefühl aller billig und gerecht Denkenden[1] in den Gründen von Entscheidungen des Bundesgerichtshofs zu den §§ 138, 826 BGB und 1 UWG tatsächlich spielt. Im zweiten Teil wird dagegen Wert darauf gelegt, wie der BGH im Rahmen dieser Generalklauseln argumentieren sollte, wofür jedoch immer wieder auch die tatsächliche Argumentationsweise von Bedeutung sein wird[2].

Da das Untersuchungsmaterial ausschließlich aus den Urteils*gründen* von BGH-Entscheidungen besteht, wie sie in der amtlichen Sammlung oder in juristischen Zeitschriften veröffentlicht werden, stehen die Erörterungen im ersten Teil der Arbeit unter einem bestimmten Aspekt, der sich in folgender Ausgangsfrage ausdrückt:

Dient die Anstandsformel, so wie der BGH mit ihr in Entscheidungen zu den genannten Generalklauseln umgeht, als Prämisse einer deduktiven Begründung aus dem Gesetz?

Die Frage ist zu bejahen, wenn die Anstandsformel zwei Kriterien genügt:

(1) Sie muß deskriptive Bedeutung haben[3].

(2) Die deskriptive Bedeutung muß durch den Gesetzgeber festgelegt sein und daher vor jeder Rechtsanwendung feststehen.

Zur Festlegung der deskriptiven Bedeutung juristischer Ausdrücke stehen dem Gesetzgeber mehrere Möglichkeiten offen, z. B. indem er den juristisch-technischen Sprachgebrauch für verbindlich erklärt, wie er zur Zeit des Inkrafttretens eines Gesetzes von Rechtsprechung und Rechtslehre erarbeitet worden war.

---

[1] Die Formel vom Anstandsgefühl aller billig und gerecht Denkenden wird im folgenden mit „Anstandsformel" abgekürzt.

[2] *Kriele*, Rechtsgewinnung, S. 43 ff., weist darauf hin, daß Maßstäbe zur Kritik der richterlichen Argumentationspraxis nur dann sinnvoll und fruchtbar sein können, wenn man zuvor genau analysiert hat, was die Praxis eigentlich macht und warum sie so vorgeht.

[3] Dieses auf den ersten Blick für die Anstandsformel unplausible Kriterium wird später näher erläutert und gezeigt, warum es hier nötig ist. Es hat u. a. den Zweck, sichere Feststellungen darüber treffen zu können, ob die Anstandsformel in einem bestimmten Fall erfüllt ist oder nicht.

Die aufgestellten Kriterien sind nicht erfüllt, wenn der Gesetzgeber nicht deutlich gemacht hat, nach welcher Möglichkeit die Bedeutung des fraglichen Ausdrucks bestimmt werden soll. Sie sind aber auch dann nicht erfüllt, wenn der BGH den Bedeutungsinhalt der Anstandsformel nach mehreren dieser Möglichkeiten bestimmt, und diese Möglichkeiten nicht identische Maßstäbe abgeben.

Bei der Untersuchung von willkürlich herausgegriffenen BGH-Entscheidungen wird sich herausstellen, daß der BGH tatsächlich die Maßstäbe, aus denen er die deskriptive Bedeutung für die Anwendung der Anstandsformel entnimmt, aus drei Möglichkeiten gewinnt, nämlich aus der gesamten Rechtsordnung, aus kollektiven Wertvorstellungen und tatsächlich feststellbaren sozialen Normen[4].

Diese drei Möglichkeiten ergeben keine identischen oder voneinander ableitbaren Maßstäbe. Darüber hinaus liefert keine der Möglichkeiten, für sich genommen, feste und eindeutige Maßstäbe. Diese sind vielmehr mehrdeutig, vage und lückenhaft, so daß der Rechtsprechung fast nie die Qual der Wahl, eine Modifizierung und Konkretisierung erspart bleibt. Von einer Festlegung der deskriptiven Bedeutung der Anstandsformel kann demnach nicht die Rede sein, bzw. genauer: Es ist nicht ersichtlich, daß der BGH sich an eine etwaige Festlegung hält. Das Ergebnis, die Anstandsformel sei eine Leerformel, ist somit unvermeidlich.

Da alle Versuche, die Rechtsprechung an einen feststehenden Maßstab zu binden, sich als illusorisch erwiesen haben, stellt sich die im zweiten Teil der Arbeit zu behandelnde Frage:

Wie wählt der BGH unter den zur Verfügung stehenden Maßstäben den „richtigen“ aus und wie läßt sich die Richtigkeit dieses Maßstabs erweisen?

Beides ist miteinander verschränkt und wird daher zusammen behandelt.

Da eine willkürliche Auswahl ausscheidet, muß die Wahl des entscheidenden Maßstabes gerechtfertigt werden. Eine rein logische Begründung führt nicht weiter, weil die Logik nicht angibt, von welchen Sätzen man in einer Deduktionskette ausgehen soll. Hier greift das Rechtsgefühl der entscheidenden Richter ein. Der BGH versucht, die Wahl des Maßstabes dadurch zu rechtfertigen, daß er ihn auf Sätze zurückführt, die die Richter aufgrund ihres Rechtsgefühls akzeptiert haben und von denen sie annehmen, daß sie auch von den Angehörigen unserer Rechtsgemeinschaft gebilligt werden können.

---

[4] Was unter „gesamter Rechtsordnung, kollektiven Wertvorstellungen und tatsächlich feststellbaren sozialen Normen“ verstanden wird, wird weiter unten näher erläutert.

Nach der Ansicht *Eike von Savigny's*[5], der hier gefolgt wird, ist dies jedoch wissenschaftstheoretisch eine durchaus adäquate Art, über Werturteile zu diskutieren. Nach dieser Ansicht spielt das Rechtsgefühl eine analoge Rolle wie Beobachtungserlebnisse in empirischen Wissenschaften. Das hat zur Folge, daß allgemeine Werturteile ähnlich wie naturwissenschaftliche Hypothesen überprüfbar sind, und es plausibel und sinnvoll erscheint, einige der dort anerkannten Überprüfungsregeln auch für juristische Diskussionen zur Anwendung zu bringen. Die zur Begründung von Entscheidungen im Rahmen der Anstandsformel vom BGH wahlweise herangezogenen Maßstäbe, mögen sie aus der Rechtsordnung stammen oder kollektiven Wertvorstellungen entsprechen, lassen sich als allgemeine Werturteile deuten. Nach dieser Deutung wählt der BGH den Maßstab, der die gerechtesten Ergebnisse bringt, bzw. voraussichtlich bringen wird. Das Rechtsgefühl der Richter entscheidet darüber, welche Ergebnisse die gerechtesten sind.

In weit geringerem Maße ist das Rechtsgefühl jedoch in der Lage, stets alle Rechtsgenossen zur Akzeptierung derselben Sätze zu motivieren, woraus sich die Existenz verschiedener Moral- und Rechtsauffassungen erklärt. Darüberhinaus sind unsere Rechtsüberzeugungen dem geschichtlichen Wandel unterworfen. Daraus ergeben sich weitreichende Konsequenzen. Einmal kann eine Argumentation im Rahmen der Gute-Sitten-Klauseln nur dann überzeugend wirken, wenn auf die jeweilige gesellschaftliche Wirklichkeit Bezug genommen wird. Zum anderen kann der Fall eintreten, daß der BGH mit seiner Begründung nicht das Rechtsgefühl der Angehörigen unserer Rechtsordnung trifft und seine Entscheidungen nicht nachvollziehbar sind. Vor allem letzteres stellt dann eine Gefahr dar, wenn schichtspezifische normative Vorurteile und Interessenstandpunkte, etwa der höheren Mittelschichten, in allgemein gültiges Recht transformiert werden. Dieser Gefahr ist nicht durch Versuche zu begegnen, das Rechtsgefühl für juristische Argumentationen auszuschalten, sondern dadurch herabzumildern, daß man die Richter auffordert, bei Begründungen im Rahmen der genannten Generalklauseln sich der Abhängigkeit von ihrem sozialen Vorverständnis bewußt zu werden.

Ziel der hier vorgeschlagenen Regeln zur Überprüfung der möglichen Maßstäbe für die Anstandsformel, sowie die Aufforderung zu Selbstreflexion und Selbstkritik hinsichtlich etwaiger sozialer Vorurteile ist es, ein hohes Maß an Intersubjektivität und Rationalität bezüglich der Begründungen und Ergebnisse juristischer Tätigkeit zu erreichen. Ob dieses Ziel immer erreichbar ist, ist zwar zweifelhaft; das bedeutet aber nicht, daß es nicht angestrebt werden sollte.

---

[5] Niederlegt und begründet in seinem Buch „Die Überprüfbarkeit der Strafrechtssätze".

II. Die Anstandsformel als Prämisse einer deduktiven Begründung aus dem Gesetz?

1. Der „Justizsyllogismus"

In einem bekannten Buch von K. *Engisch*[1], das sich mit juristischen Methodenfragen beschäftigt, wird die Gewinnung konkreter rechtlicher Sollensurteile als Ziel allen praktisch-juristischen Interesses bezeichnet[2]. Denkt man an den Richter als den Prototypen des praktischen Juristen, so vollzieht er in erster Linie konkrete Sollensurteile bei der Fällung von Leistungsurteilen im Zivilprozeß oder bei Verurteilungen im Strafprozeß[3]. Ein solches Urteil, das z. B. lauten kann: „A soll an den B DM 1000,— zahlen", erhebt den Anspruch auf Wahrheit oder Richtigkeit und bedarf daher einer Begründung[4].

Die wichtigste Art der Rechtfertigung eines konkreten juristischen Sollensurteils ist die Begründung aus dem Gesetz, die sich in Form eines Schlusses, dem „Justizsyllogismus"[5], vollzieht.

Dieser Schluß hat etwa die folgende Gestalt:

(1) Wenn x ein Sachverhalt ist, der die gesetzlichen Voraussetzungen V_1, V_2, V_3 . . . . V_m erfüllt, sollen für x die Rechtsfolgen R_1, R_2, R_3 . . . . R_n eintreten.

(2) a ist ein Sachverhalt, der die gesetzlichen Voraussetzungen V_1, V_2, V_3 . . . . V_m erfüllt.

(3) Also sollen für a die Rechtsfolgen R_1, R_2, R_3 . . . . R_n eintreten[6].

Satz (1) gibt die betreffende Rechtsnorm des Gesetzes an, Satz (2) den zu beurteilenden Sachverhalt, und in Satz (3) findet sich der konkrete rechtliche Sollenssatz, von dem bisher die Rede war und den wir im folgenden nur noch „Entscheidungssatz" nennen wollen[7].

---

[1] *Engisch*, Logische Studien.

[2] *Engisch*, Logische Studien, S. 3.

[3] *Engisch*, Logische Studien, S. 3.

[4] *Engisch*, Logische Studien, S. 4.

[5] *Engisch*, Logische Studien, S. 7 und *ders.*, Einführung, S. 49; *Larenz*, Methodenlehre, S. 230. Zur Syllogistik allgemein vgl. *Seiffert*, Logik, S. 206 ff.

[6] In der modernen kalkülisierten Logik haben dieses Schlußschema dargestellt: *Klug*, S. 60 (5.12); *Heller*, S. 69 (II).

[7] Die Beibehaltung des Ausdrucks „konkretes Sollensurteil" könnte zu Mehrdeutigkeiten führen, da vor allem das Wort „konkret" mit Problemen

Die Konklusion eines Syllogismus — das ist oben Satz (3) — ist bei einem richtig gebauten Syllogismus immer wahr, wenn auch die Prämissen (1) und (2) wahr sind. Das ergibt sich aus der modus-ponens-Regel. Sie besagt, daß man aus der Geltung einer extensiven Implikation[8] — das ist ein Satz, der aus zwei oder mehreren Sätzen besteht, die durch den Ausdruck: stets wenn, dann, verknüpft sind — und der Wahrheit ihres Vordersatzes auf die Wahrheit des Nachsatzes schließen kann[9].

Hier taucht aber eine Schwierigkeit auf. Die Syllogistik ist nämlich u. a. auf der Aussagenlogik aufgebaut[10], die mit Sätzen operiert, von denen es sinnvoll ist zu sagen, sie seien wahr oder falsch. In dem Justizsyllogismus in der obigen Form sind jedoch zwei Sätze enthalten, in denen jeweils der Ausdruck „sollen“ vorkommt. Sollenssätze, soweit sie einen Befehl enthalten, etwa den Befehl an die deutsche Richterschaft, wenn sie das Vorliegen der Voraussetzungen V_1, V_2, $V_3 \dots V_m$ festgestellt haben, die Rechtsfolgen R_1, R_2, $R_3 \dots R_n$ auszusprechen, können dagegen nicht sinnvoll als wahr oder falsch bezeichnet werden. Damit ist auch nicht die normale Aussagenlogik — jedenfalls nicht ohne weiteres[11] — auf sie anwendbar[12]. Dennoch ist die Ableitung des Satzes (3) aus den Prämissen (1) und (2) zweifellos gültig. Der Grund dafür ist, daß die logischen Ableitungsregeln, als formale Beziehungsregeln zwischen Sätzen, nicht nur so interpretiert werden müssen, daß sie für das Operieren mit wahren oder falschen Sätzen passen, sondern auch normativ gedeutet werden können[13,14]. In dieser normativen Deutung ist der Justizsyllogismus eine formal gültige Spezialisierung eines vom Gesetzgeber aufgestellten generellen Befehls.

---

belastet ist, die nicht in den Zusammenhang der Arbeit gehören. Zur Mehrdeutigkeit des Ausdrucks „konkret“ vgl. *Engisch,* Konkretisierung.

[8] *Klug,* S. 26, 27 und 34.

[9] *Bochenski,* S. 73 u. 74; *Carnap,* S. 88, 22 c, R. 1; *Schreiber,* S. 43; *Seiffert,* Logik, S. 210 ff.

[10] Vgl. *Seiffert,* Logik, S. 206. Er verwendet den Ausdruck Junktoren- und Aussagenlogik synonym.

[11] Siehe unten Anm. 14.

[12] Vgl. u. a. *v. Kutschera,* Logik der Normen, S. 12; *Wagner / Haag,* S. 78 f.; *Weinberger,* S. 149, 6.1.0.

[13] *Wagner / Haag,* S. 79; a. A. wohl *v. Kutschera,* Logik der Normen, S. 14; vgl. auch *Zippelius,* Methodenlehre, S. 114.

[14] Wie diese normative Deutung aussehen soll, darüber gehen die Meinungen auseinander (vgl. *Wagner / Haag,* S. 79 ff.). Am einleuchtendsten scheint uns der Vorschlag von *Hare, S. 37 ff.,* zu sein, die herkömmliche Logik auf Sollenssätze anzuwenden. Dargestellt wird dieser Vorschlag von *Philipps,* S. 355, der jedoch darauf hinweist, daß die Anwendung der normalen logischen Operationen nur dann im normativen Zusammenhang zulässig ist, wenn ein Sollenssatz dadurch an Allgemeinheit verliert, wie dies beim Justizsyllogismus der Fall ist (*Philipps,* S. 359, 360). Nicht dagegen sind Operationen zulässig, bei denen Befehle dem Inhalt nach abgeschwächt werden.

Der Grund, weswegen wir uns so relativ ausführlich bei dem Justizsyllogismus aufhalten, ist der, daß wir eine Unterscheidung treffen wollen[15], die im zweiten Teil der Arbeit von besonderer Wichtigkeit sein wird. In Rechtssätzen, die als Obersätze im Justizsyllogismus fungieren können, werden vom Gesetzgeber nicht nur bestimmte Handlungen geboten, verboten oder erlaubt, sondern auch Bewertungen zum Ausdruck gebracht. Beides ist nicht dasselbe. Wenn nämlich der Gesetzgeber aufgrund seiner Anordnungsbefugnis ein Gebot oder Verbot in Geltung gesetzt hat, dann kann man fragen, ob dieses Gebot oder Verbot gerecht ist. Solche Überlegungen können dazu führen, daß man einer gesetzlichen Anordnung die Gefolgschaft verweigert, weil die zugrundeliegende Bewertung nicht zutreffend war. Mit Werturteilen versucht der Gesetzgeber, seine Gebote oder Verbote zu legitimieren, indem er nur solche Handlungen oder Zustände herbeizuführen befiehlt, die sich nach verständiger Überlegung[16] als positiv zu bewerten herausgestellt haben oder nur Wertwidriges verbietet[17].

Daß mit Rechtssätzen nicht nur Gebote, Verbote oder Erlaubnisse ausgesprochen, sondern auch Bewertungen ausgedrückt werden, wird in der Rechtswissenschaft seit langem diskutiert. Man spricht vom „Zusammenfallen von Bewertungs- und Bestimmungsnorm"[18].

Ein Rechtssatz als Bewertungsnorm aufgefaßt, würde in dem Justizsyllogismus etwa folgendermaßen aussehen:

(1a) Wenn x ein Sachverhalt ist, der die gesetzlichen Voraussetzungen $V_1, V_2, V_3 \ldots . V_m$ erfüllt, so ist es gerecht, daß für x die Rechtsfolgen $R_1, R_2, R_3 \ldots . R_n$ eintreten.

(2a) a ist ein Sachverhalt, der die gesetzlichen Voraussetzungen V_1, $V_2, V_3 \ldots . V_m$ erfüllt.

(3a) Also ist es gerecht, daß für a die Rechtsfolgen $R_1, R_2, R_3 \ldots . R_n$ eintreten.

---

[15] Weitere wichtige Unterscheidungen, die in normativen Kontexten auftauchen, bringt *v. Kutschera*, Logik der Normen, S. 11 ff., wobei wir hier besonders auf die Unterscheidung von einfachen Sollenssätzen und modalen Sollenssätzen hinweisen wollen. Modale Sollenssätze, die *v. Kutschera* Normsätze nennt, sind Aussagen, die behaupten, daß gewisse Handlungen geboten, verboten oder erlaubt sind. Im Gegensatz zu Befehlen ist es von solchen Sätzen sinnvoll zu behaupten, sie seien wahr oder falsch. Ein Satz, der ein Gebot behauptet, ist dann wahr, wenn ein Anordnungsbefugter, z. B. der Gesetzgeber, einen Befehl ausgesprochen hat. Vgl. dazu auch *Hare*, S. 48 Anm. 10; *Philipps*, S. 354, 361 ff. u. S. 363, Anm. 15.

[16] *Engisch*, Einführung, S. 28.

[17] Allerdings gebietet der Gesetzgeber nicht alles, was als wertvoll angesehen wird oder verbietet alles Unwerte. *Luhmann*, Bd. 1, S. 97.

[18] *Baumann*, § 19 II, S. 247; *Dubischar*, S. 9; *Engisch*, Einführung, S. 27 f.; *Kalinowski*, S. 9; *Lenk*, S. 369; *Moore*, S. 186 f.; *Priester*, Rechtstheorie, S. 39; wohl auch *Hassemer*, S. 150.

Satz (1a) ist ein allgemeines Werturteil, aus dem das Einzelwerturteil (3a) abgeleitet wurde, und zwar ohne daß die Folgerungsbeziehungen zwischen diesen Sätzen normativ gedeutet werden müßten (wie oben). Unserer Ansicht nach ist es nämlich sinnvoll, von Werturteilen zu sagen, sie seien wahr oder falsch. Diese Ansicht ist allerdings stark bestritten. Die gegenteilige Meinung wird vor allem von Wissenschaftlern vertreten, die dem Argumentieren mit Werturteilen den Wissenschaftscharakter absprechen[19]. Eines der Hauptargumente dabei ist, daß Werturteile nichts anderes sind als verkappte Befehle oder bloße Gefühlsausdrücke, wie z. B. „Pfui“, oder ähnliche[20, 21].

Sollenssätze aber, die Befehle beinhalten, lassen sich genau so wenig als wahr oder falsch bezeichnen wie Gefühlsausdrücke. Dagegen ist jedoch einzuwenden, daß sich darin Werturteile in keiner Weise von Nichtwerturteilen unterscheiden. Auch deskriptive Sätze, wie z. B. „N.N. war ein Faschist“, können emotive oder evokative Bedeutungskomponenten haben[22]. Daß ich mit einem Werturteil den Zweck verfolge, einen Hörer oder Leser zu einem bestimmten Verhalten zu bewegen, — was auch durch einen Befehl geschehen könnte oder je nach Kontext durch eine bloße Geste — schließt nicht aus, daß ich nicht gleichzeitig eine Beschreibung zu liefern bezwecke. Dazu ein anschaulicher Vergleich[23]. Der zweifellos als wahr oder falsch zu bezeichnende Satz: „Der Eimer steht an der Stiege“, hat einmal den Zweck, den Eimerort zu beschreiben. Ein zweiter Zweck der Äußerung kann sein, dem Hörer das Finden zu erleichtern und ihn dazu zu bewegen, zu der Stiege zu gehen. Derselbe Zweck könnte auch durch den Befehl: „Geh zur Stiege!“ erreicht werden. Genausogut kann man bei einer ethischen Äußerung, wie „Morden ist verwerflich“, den Zweck: Beschreibung von „Morden“, durch „verwerflich“ von dem Zweck dieser Äußerung, den Hörer vom Morden abzuhalten, unterscheiden[24]. Eine ausführlichere Begründung

[19] So vor allem *Max Weber*, 3. Aufl. S. 489 ff.; *Ayer*, S. 135 ff.; *Albert*, Wertfreiheit, S. 181 ff. Allerdings bedeutet die Ablehnung des Standpunkts, Werturteile könnten wahr oder falsch sein, nicht automatisch, daß Wertdiskussionen irrational seien. *Weber*, S. 501 ff. und *Ayer*, S. 135, haben zwar beides zusammen behauptet, *Albert* dagegen hält normative Fragen für rational diskutierbar (z. B. deutlich in Normativismus, S. 109). Vgl. u. a. auch *Frankena*, S. 129, 130; *Hoerster*, Utilitaristische Ethik, S. 9, 10; *Stegmüller*, Analytische Philosophie, Bd. IV, S. 53 ff.

[20] *Ayer*, S. 136, 141, 142 ff.

[21] Eine ganze Palette möglicher Verwendungsweisen von Werturteilen zählt *Lenk*, S. 367 ff., auf.

[22] So *v. Kutschera*, Logik der Normen, S. 127.

[23] *E. v. Savigny*, Überprüfbarkeit, S. 56; ähnl. *Lenk*, S. 369, 370.

[24] Für eine nähere Diskussion der gegenteiligen Ansicht wird auf *v. Kutschera*, Logik der Normen, S. 127 ff. und *v. Savigny*, Überprüfbarkeit, S. 54 ff., *ders.*, Normale Sprache, S. 220 ff. verwiesen. Eine ähnliche Ansicht wie hier vertritt auch *Hassemer*, S. 131.

der hier vertretenen Ansicht kann an dieser Stelle nicht geleistet werden[25]. Dafür verweisen wir auf die Ausführungen der in Anm. 24 genannten Autoren.

Sagt man also, die Aufgabe des Richters (nach geltendem Recht) sei die Findung einer durch das Gesetz begründeten Entscheidung[26], so muß man zweierlei im Auge behalten: die Ableitung des Entscheidungssatzes aus einem generellen Sollenssatz des Gesetzes und aus dem gleichzeitig behaupteten allgemeinen Werturteil[27]. § 138 BGB z. B. kann man demnach auffassen als einen Gesetzesbefehl an die Richterschaft: „Erkennt keine unsittlichen Rechtsgeschäfte an!" oder an die Teilnehmer am Schuldrechtsverkehr: „Schließt keine unsittlichen Rechtsgeschäfte ab!". Gleichzeitig wird folgendes Werturteil behauptet: „Unsittliche Rechtsgeschäfte sind rechtlich nicht anerkennenswert"[28].

Wenn nun in den Urteilsgründen von BGH-Entscheidungen zu den §§ 138, 826 BGB und 1 UWG ständig die Formel vom Anstandsgefühl aller billig und gerecht Denkenden auftaucht, dann muß die Formel etwas mit dem Justizsyllogismus zu tun haben, wenn der BGH seine Entscheidungen deduktiv aus dem Gesetz begründet haben will. Die Verbindung der Anstandsformel mit dem Justizsyllogismus läßt sich leicht herstellen. Seit jeher werden in den genannten Paragraphen die vorkommenden Ausdrücke „unsittlich", „sittenwidrig", „wider die guten Sitten verstoßend" gleichgesetzt mit dem Ausdruck „Verstoß gegen das Anstandsgefühl aller billig und gerecht Denkenden"[29]. Für den Bereich des § 1 UWG spricht der BGH auch oft vom Anstandsgefühl des

---

[25] Neben einer negativen Begründung für unsere Ansicht, die in einer Widerlegung der Gegenmeinung besteht, was weitgehend von *E. v. Savigny* und *v. Kutschera* besorgt worden ist, kann eine positive Argumentation dahin geführt werden, daß große Ähnlichkeiten zwischen anerkannten kognitiven Äußerungen, also Sätzen, die vor allem in empirischen Wissenschaften diskutiert werden und juristischen Werturteilen festgestellt werden. Dafür versuchen wir, im zweiten Teil der Arbeit einige zusätzliche Argumente zu liefern.

[26] *Engisch*, Einführung, S. 49; *Larenz*, Methodenlehre, S. 229, Anm. 1.

[27] Zum logischen Verhältnis zwischen Werturteilen, die bestimmte Sollenssätze legitimieren sollen, und diesen Sollenssätzen vgl. *Priester*, Rechtstheorie, S. 37, 38. Einen Sollenssatz kann man aus einem Werturteil ableiten, wenn man einen weiteren Sollenssatz voraussetzt, der besagt: „Man soll das Wertvolle tun". Interessante Ausführungen hierzu enthält auch *v. Kutschera*, Logik der Normen, S. 115 ff. Nach seiner Meinung sind Normsätze (= modale Sollenssätze, s. o. Anm. 15) aus Wertaussagen ableitbar, wenn ein komparativer Wertbegriff vorgegeben ist (S. 85, 122). Da aber viele jur. Prädikate klassifikatorische Wertprädikate sind, wie *Priester*, S. 38, gegen *Podlech*, Wertungen, S. 195, richtig bemerkt, werden sich solche Ableitungen wegen der typischen Schwäche klassifikatorischer Begriffe im gegenwärtigen Wissenschaftsstand der Jurisprudenz nur sehr annäherungsweise durchführen lassen.

[28] *Hassemer*, S. 150.

[29] Zuerst in den Motiven, Bd. 2, S. 727. In der Rechtsprechung wird die Formel erstmals verwendet in RGZ 48, 124.

verständigen Durchschnittsgewerbetreibenden, was in BGH GRUR, 60, 558 (561) als die „neuere Definition des Senats" bezeichnet wird, ohne daß eine Änderung in der Grundauffassung eingetreten ist[30]. Wenn in Zukunft von der Anstandsformel die Rede ist, sollen somit auch diese und ähnliche Formeln in die Überlegungen einbezogen sein. Die Gleichsetzung der Anstandsformel mit den Ausdrücken „unsittlich" usw. ist offensichtlich als Definition gemeint mit der Folge, daß überall dort, wo die genannten Begriffe auftauchen, sie durch die Anstandsformel ersetzt werden können[31]. Nimmt man den Fall des § 138 BGB, dann lautet der Justizsyllogismus nach Einsetzung der Anstandsformel so:

(1b) Wenn x ein Rechtsgeschäft ist und gegen das Anstandsgefühl aller billig und gerecht Denkenden verstößt, so soll x keine Rechtsgeltung haben[32].

(2b) a ist ein Rechtsgeschäft und verstößt gegen das Anstandsgefühl aller billig und gerecht Denkenden.

(3b) Also soll a keine Rechtsgeltung haben.

Entsprechend lassen sich die §§ 826 BGB und 1 UWG formulieren, ebenso die gleichzeitig behaupteten Werturteile.

Eine Entscheidung zu den genannten Paragraphen ist gut aus dem Gesetz begründet, wenn sie so mit Hilfe der Anstandsformel aus den gesetzlichen Vorschriften abgeleitet wurde[33].

Die Ausgangsfrage lautet dann:

Genügt der BGH in seinen Entscheidungsgründen diesen Anforderungen?

2. Kriterien zur Beantwortung der Frage

Die gestellte Frage läßt sich nicht einfach beantworten, indem man BGH-Entscheidungen nachliest. Man muß sich vielmehr vorher klargemacht haben, wann die Antwort bejahend ausfällt und wann nicht. Dazu werden zwei Kriterien aufgestellt. Eine korrekte deduktive Begründung aus dem Gesetz mit Hilfe der Anstandsformel ist nur möglich, wenn die Formel

---

[30] *Nastelski*, S. 323.

[31] Der Normalfall einer Definition, die sog. explizite Definition, hat logisch die Form einer Äquivalenz; d. h. Definiens und Definiendum haben gleiche Bedeutung (bei Begriffen) und gleiche Bedeutung und Wahrheitswert (bei Sätzen). Vgl. *v. Savigny*, Definieren, S. 102 ff. und *Essler*, Wissenschaftstheorie, Bd. I, S. 53 ,54; *Schreiber*, S. 32 ff.

[32] Zur Formulierung der Rechtsfolge vgl. *Flume*, S. 547, 548.

[33] Das gilt auch, wenn statt einer direkten Ableitung einige Zwischenschritte eingebaut wurden. Zum Verfahren der Subordination vgl. *Engisch*, Logische Studien, S. 16 ff.

(1) deskriptive Bedeutung hat und

(2) die deskriptive Bedeutung vor jeder Rechtsanwendung durch ein Gericht feststeht.

a) Deskriptive Bedeutung

Kriterium (1) klingt ziemlich befremdlich in Juristenohren, weil der Ausdruck „deskriptiv" vorkommt; sind doch Ausdrücke wie „billig und gerecht" offensichtlich Wertprädikate und also solche kategorial von Seinsprädikaten wie „Haus", „rot" oder ähnlichen geschieden. Wir werden daher angeben müssen, was dieses Kriterium heißen soll und warum es hier angeführt werden muß.

aa) Was heißt: Ein Ausdruck bedeutet etwas?

Die Bedeutung eines Ausdrucks ist das, was er zu verstehen gibt; man nennt dies auch einen Begriff[1]. Die in Sprache und Schrift ständig gebrauchten Ausdrücke wie z. B. „Rose", „klappern", „groß", „rot" usw. erhalten ihre Bedeutung dadurch, daß sie von klein auf ständig an Beispielen und Gegenbeispielen — exemplarisch — eingeübt wurden[2]. Kinder sind darauf angewiesen, daß ihre Eltern immer wieder sagen: „Ja, das ist ein Pferd; nein, das ist kein Pferd, sondern ein Esel; ja, Onkel Werner ist verreist"[3]. Und wenn die Kinder mit ihren Ausdrücken das Richtige treffen, die Ausdrücke richtig verwenden, dann sagen die Eltern: „So ist es richtig" oder „ja, das ist wahr", so daß sie zugleich an denselben Beispielen lernen, diese Ausdrücke richtig zu verwenden[4]. Mit der Zeit werden so dem Kind die Regeln bekannt, die die Verwendung der Ausdrücke bestimmen[5,6]. Durch exemplarische Ein-

---

[1] *Kamlah / Lorenzen*, S. 87.

[2] *Kamlah / Lorenzen*, S. 29; *Oskaar*, S. 102, 103.

[3] *Kamlah / Lorenzen*, S. 121.

[4] *Kamlah / Lorenzen*, S. 121.

[5] Solche Regeln muß man haben, um von einer richtigen oder korrekten Verwendung bestimmter Ausdrücke sprechen zu können. Vgl. *v. Kutschera*, Sprachphilosophie, S. 228 f.: „Wenn man die Bedeutung eines Wortes mit seinem Gebrauch identifizieren will (wie *Wittgenstein*, Untersuchungen, Nr. 43, es tut), so muß man sich auf eindeutige Regeln beziehen, d. h. auf die allgemein anerkannte Weise seiner Verwendung". Zu dieser These Wittgensteins vgl. auch *Stegmüller*, Hauptströmungen, S. 585.

[6] Daß wir mit Hilfe einiger Beispiele die Gebrauchsregeln für die betreffenden Worte lernen und damit mit deren Hilfe auch über andere als die Beispielsgegenstände reden können, setzt voraus, daß der Lernende *auch* sprachunabhängige Unterscheidungen treffen kann; er muß zwischen den Fällen, in denen ein bestimmtes Prädikat angewendet wird, eine hinreichend ausgeprägte Ähnlichkeit (oder bei Gegenbeispielen, z. B. Pferd — Esel, Verschiedenheit) konstatieren können. Und die verschiedenen Sprachbenutzer müssen

übung werden aber nicht nur Gebrauchsregeln für einzelne Ausdrücke[7] gelernt, sondern auch Regeln für die Zusammensetzung von Ausdrücken und für den Gebrauch solcher zusammengesetzter Ausdrücke bekannt, was ein System zur Bildung von prinzipiell unendlich vielen Ausdrücken (z. B. Sätzen) ergibt[8]. Aus der Art, wie die Gebrauchsregeln für umgangssprachliche Ausdrücke eingelernt werden, folgt allerdings eine Schwäche der Umgangssprache, die sich in Mehrdeutigkeiten und Vagheiten der verwendeten Begriffe äußert. Die Beispiele, anhand derer die Sprachregeln gelernt werden, sind nicht dieselben, und die Erlernung der Regeln geschieht nicht in denselben Situationen, so daß ein Wort für jeden den Bedeutungsumfang hat, den er kennengelernt hat[9]. Umgangssprachliche Ausdrücke sind kontextabhängig, wobei darunter nicht nur die Abhängigkeit der Bedeutung des Begriffs von dem sprachlichen Zusammenhang, in dem er geäußert wird[10], gemeint ist, sondern auch von außersprachlichen sozialen Handlungen oder Situationen[11]. Dies ist für eine wissenschaftliche Sprache unbefriedigend. Um zu vermeiden, daß von mehreren Gesprächspartnern der Redende seine Ausdrücke anders verwendet als der Hörende, werden sie sich zweckmäßigerweise über die Verwendung ihrer Ausdrücke verständigen[12]. Sie werden ausdrückliche Vereinbarungen treffen[13], ähnlich wie Regeln für Spiele verabredet werden, den betreffenden Ausdruck immer in der-

---

weitgehend dieselben Unterscheidungen treffen können, damit einheitliche Regeln zustandekommen. Dazu näher *v. Kutschera*, Sprachphilosophie, S. 247 ff;. *Kamlah / Lorenzen*, S. 45 ff.

[7] Ein Begriff ist demnach ein Ausdruck der vorgegebenen Sprache und ein Regelsystem, das seinen Gebrauch bestimmt. *Essler*, Wissenschaftsth., Bd. II S. 50 u. 66.

[8] *V. Kutschera*, Sprachphilosophie, S. 19.

[9] *Zippelius*, Methodenlehre, S. 52.

[10] Vgl. *Hassemer*, S. 87 ff., z. B. Abhängigkeit der Bedeutung eines Tatbestandsmerkmals von dem Tatbestand und weiter von dem sprachlichen Systemzusammenhang, in dem der Tatbestand steht.

[11] *Wittgenstein*, Untersuchungen, vor allem Nr. 23, nennt die Gesamtheit dieser Abhängigkeiten Sprachspiele, die Teile einer Lebensform sind. Dazu *Stegmüller*, Hauptströmungen, S. 592.

[12] *Kamlah / Lorenzen*, S. 70.

[13] Man könnte meinen, diese Vereinbarungen hätten den Charakter von Konventionen; das ist nur teilweise richtig. Zwar spielen bei der Festlegung von Gebrauchsregeln Konventionen eine Rolle, was aber nicht heißt, daß sie die Regeln vollständig bestimmen. Da wir mit der Sprache bestimmte Zwecke verfolgen, in den Naturwissenschaften z. B. Naturphänomene zu erklären oder vorherzusagen, müssen die benutzten Sprachregeln auch diesen Zwecken angemessen sein. *Kamlah / Lorenzen*, S. 49; *v. Kutschera*, Sprachphilosophie, S. 252 oben.

Welche verschiedenen Komponenten beim Aufbau eines wissenschaftlichen Sprachregelsystems zusammenwirken, zeigt *Stegmüller*, Analytische Philosophie, Bd. II, S. 19 ff., am Beispiel einer Klassifikation des Gegenstandsbereichs der Farben.

selben Weise zu verwenden. Damit kann die Abhängigkeit eines Wortes von einer konkreten Dialogsituation und außersprachlichen Situationen vermieden werden. Wenn von der Umgangssprache zu einer wissenschaftlichen Sprache übergegangen wird, geschieht demnach folgendes: Entweder werden die bereits implizit vorhandenen Regeln der natürlichen Sprache explizit gemacht (rekonstruiert), oder verschärft oder sie werden abgeändert[14]. Diese Aufgabe trifft auch die Rechtswissenschaft, die Vereinbarungen darüber zu treffen hat, wie die in den Rechtssätzen auftretenden Ausdrücke gebraucht werden sollen. Die Bedeutung eines juristischen Ausdrucks kennen, heißt also, die Regeln seiner Verwendung kennen, wie sie unter den Beteiligten am Rechtsbetrieb vereinbart wurden.

bb) Was heißt: Deskriptive Bedeutung?

Einzelne Ausdrücke für sich allein sind nicht verständlich. Ein Wort, wie etwa „Baum", ist ergänzungsbedürftig; es führt eine „leere" Stelle mit sich, die man eine Variable nennen kann[15]. „Baum" heißt dann so viel wie „x ist ein Baum", ein Ausdruck, der in eine Aussage übergeht, sobald die durch den Buchstaben x angedeutete Leerstelle von einem Eigennamen oder einem Ausdruck, der einen Eigennamen vertritt, ausgefüllt wird[16]. Hat man auf diese Weise einen Satz hergestellt, dann stellt sich die Frage, ob die in ihm ausgedrückte Aussage[17] wahr ist oder nicht. Wenn z. B. die Behauptung: „Werner ist verreist", aufgestellt wird, dann hängt die Wahrheit der Aussage davon ab, ob „verreist" der durch den Eigennamen „Werner" benannten Person zukommt oder nicht[18]. Dabei spielt stets eine Rolle die richtige Verwendung des Wortes „verreist". Aber auch wenn derjenige, der diesen Satz formuliert hat, die Regeln kennt und richtig angewendet hat, die den Gebrauch des Ausdrucks „verreist" bestimmen, ist noch nicht gesagt, ob die Aussage wahr ist. Man sagt: Ein Satz, in dem einem Gegenstand[19] ein Prädikator zugesprochen wird, ist dann wahr, wenn jeder andere, der mit uns dieselbe Sprache spricht und weder böswillig noch schwachsinnig ist, diesem Gegenstand nach geeigneter Nachprüfung den be-

---

[14] *Kamlah / Lorenzen*, S. 75, 76.

[15] *Kamlah / Lorenzen*, S. 32.

[16] *Frege*, S. 29.

[17] Zum Verhältnis zwischen Satz und Aussage, vgl. *Seiffert*, Wissenschaftstheorie, Bd. 1, S. 60, Anm. 72.

[18] *Kamlah / Lorenzen*, S. 118.

[19] Unter Gegenstand soll hier nichts Ontologisches verstanden werden, sondern alles, dem ein Prädikator zugesprochen werden kann oder worauf man durch Eigennamen oder Kennzeichnungen hinzeigen kann. *Kamlah / Lorenzen*, S. 42, *Seiffert*, Wissenschaftstheorie, Bd. 1, S. 22.

treffenden Prädikator zusprechen würde[20]. Im Beispielssatz müßte jeder Angehörige der deutschen Sprachgemeinschaft, der uns nicht belügen will und der seine fünf Sinne beisammen hat, also sehen, hören, fühlen usw. kann, zum Ergebnis kommen[21]: „Ja, Werner ist verreist", wenn er zu der Wohnung von Werner hingegangen wäre, dort diesen nicht angetroffen hätte und feststellen hätte können, daß ein Koffer von Werner mitsamt Kleidungsstücken und Toiletteartikeln fehlt[22]. Aus diesen Ausführungen ergibt sich, was deskriptive Bedeutung heißen soll. Ein Ausdruck hat demnach deskriptive Bedeutung dann, wenn jeder, der dieselbe Sprache spricht und weder böswillig noch schwachsinnig ist, nach geeigneter Nachprüfung aufgrund von *Beobachtungen*[23] dem besprochenen Gegenstand den fraglichen Ausdruck zusprechen würde.

Angemerkt sei jedoch noch, daß hier unter Beobachtungen nicht nur unmittelbare Sinneswahrnehmungen fallen sollen, es genügt auch, daß die Feststellungen mit Hilfe von unmittelbaren Sinneswahrnehmungen zusammen mit empirischen Erfahrungssätzen getroffen werden. Aus der Tatsache, daß eine Straße vereist ist und ein Auto im Straßengraben liegt, läßt sich in Verbindung mit dem Erfahrungssatz, daß Autos auf einer vereisten Fahrbahn leicht schleudern, die Behauptung aufstellen, das Auto habe geschleudert[24].

Völlig plausibel scheint die Einführung des Kriteriums (1) bei Tatbestandsmerkmalen wie „Sache" (in § 90 BGB), „Verletzung des Körpers" (in § 823 I BGB). Wer z. B. weiß, daß der Ausdruck „Sache" auf körperliche Gegenstände angewendet wird, braucht nur hinzugehen und den betreffenden Gegenstand, der als Sache bezeichnet wurde, daraufhin zu überprüfen, ob er sich beispielsweise anfassen läßt. Auch wenn von sogenannten inneren Vorgängen, wie Vorsatz oder dem Willen, eine Sache als sich gehörend zu besitzen (§ 872 BGB)[25], oder einer Geisteskrankheit die Rede ist, sind es wieder beobachtbare Verhaltensweisen, die zusammen mit Erfahrungssätzen etwa der Psychologie oder der Psychiatrie einen Schluß auf diese inneren Vorgänge zulassen.

---

[20] *Kamlah / Lorenzen*, S. 119.

[21] *Kamlah / Lorenzen*, S. 119.

[22] An diesem Beispiel läßt sich zeigen, daß die Gebrauchsregeln der verwendeten Ausdrücke auch als Wahrheitskriterien für den aus ihnen gebildeten Satz gelten können, weil sie uns sagen, was man tun muß, um herauszubringen, ob der Satz nun tatsächlich wahr ist. Mit der Erlernung der Sprachregeln lernen wir gleichzeitig, unter welchen Bedingungen bestimmte Sätze wahr sind. *V. Kutschera*, Sprachphilosophie, S. 160, 161.

[23] Analytische Urteile bleiben außer Betracht.

[24] Vgl. *Zippelius*, Methodenlehre, S. 95.

[25] Beispiele von *Zippelius*, Methodenlehre, S. 93.

Aber wie steht es mit Ausdrücken wie „unsittlich“, „billig und gerecht“, „heimtückisch“ usw.? Diese sind offensichtlich Wertprädikate. Bei Wertungen ist nun bekanntlich ein Schluß von beobachtbaren Verhaltensweisen darauf, ob dieses Verhalten auch wertvoll ist, nicht möglich oder höchstens in trivialer, nichtssagender Weise[26]. Trotzdem spielen empirische Argumente in Diskussionen über Werte eine große Rolle. Das wird sofort klar, wenn man sich ein Beispiel eines solchen Disputs vor Augen führt. Bezeichnet jemand ein bestimmtes Auto als gut, dann wird er, wenn sein Gesprächspartner dies anzweifelt, darauf hinweisen, daß das Auto z. B. eine hohe Beschleunigung habe, wenig Sprit verbrauche, bequem sei, nicht reparaturanfällig sei usw. Genau so liegt es bei moralischen Attributen. Will jemand seine Behauptung: „A ist ein Gauner“, rechtfertigen, so kann er dies tun, indem er sagt, A verkaufe Unfallwagen, ohne dies den Kunden mitzuteilen. Offensichtlich ist es so, daß man die Äußerung: „Dies ist ein gutes Auto“, nicht machen darf, wenn dem Auto die empirischen Merkmale fehlen, die es einem gestatten würden, es gut zu nennen; d. h. das Auto muß gewissen Standards[27] oder Kriterien genügen, die für gute Autos gelten[28]. Diese Standards stellen somit empirische Anwendungskriterien für Wertäußerungen dar, die bestimmen, welchen Gegenständen welche Wertprädikate zugesprochen werden dürfen; mit anderen Worten, sie sind nichts anderes als die angesprochenen Gebrauchsregeln, die wie bei den anderen Ausdrücken anhand von Beispielen und Gegenbeispielen erlernt werden[29].

Also auch für eine Wertäußerung, in der einem Gegenstand ein Wertprädikat zugesprochen wird, gilt:

Sie ist wahr, wenn jeder, der die Regeln für die Verwendung des Wertprädikats kennt und weder böswillig noch schwachsinnig ist, nach geeigneter Nachprüfung aufgrund von Beobachtungen dem besprochenen Gegenstand das Wertprädikat zusprechen würde.

cc) *Die Berechtigung des Kriteriums „deskriptive Bedeutung“*

Zwei Gesichtspunkte erfordern hier die Einführung dieses Kriteriums: Einmal die Funktion der Rechtsnormen, in die die Anstandsformel eingesetzt werden kann, und zweitens die Rechtfertigung des Mittelsatzes

---

[26] Vgl. *v. Savigny*, Normale Sprache, S. 207.

[27] Mit Standards ist hier nicht das gemeint, was *Esser*, Grundsatz und Norm, S. 96 ff., 150 ff., 224, 235, in die deutsche rechtswissenschaftliche Diskussion eingeführt hat, die reale, in der sozialen Wirklichkeit akzeptierte Normalmaßstäbe korrekten sozialen Verhaltens darstellen. Vgl. *Strache*, S. 16.

[28] *V. Savigny*, Normale Sprache, S. 203.

[29] Vgl. auch *Viktor Kraft*, Wertlehre, S. 228: Kind fragt: „Robinson ist doch ein gutes Buch?“ worauf die Mutter bestätigt: „Ja, Robinson ist ein sehr gutes Buch“.

(2b) im Justizsyllogismus. Eine Funktion des § 138 BGB z. B. ist es, Menschen zu bestimmten Verhaltensweisen zu veranlassen. So kann man § 138 BGB als einen zweifachen Befehl auffassen, einmal an die Teilnehmer am Schuldrechtsverkehr, keine gegen das Anstandsgefühl aller billig und gerecht Denkenden verstoßenden Rechtsgeschäfte abzuschließen, und an die deutsche Richterschaft, solche Rechtsgeschäfte nicht anzuerkennen. Diese Funktion kann ein Rechtssatz nur erfüllen, wenn er auch eine Information darüber enthält, welche Verhaltensweisen die Befehlsadressaten an den Tag bzw. nicht an den Tag legen sollen[30]. Genau so ist es auch, wenn man § 138 BGB als ein allgemeines Werturteil ansieht. Behauptet der Gesetzgeber, unsittliche Rechtsgeschäfte seien nicht anerkennenswert, muß er auch angeben, was er wie bewertet haben will. Diese Information geschieht dadurch, daß der Gesetzgeber die Gebrauchsregeln für die in einem Rechtssatz verwendeten Ausdrücke angibt, sei es, indem er die Ausdrücke in Einklang mit dem umgangssprachlichen Gebrauch verwendet oder einen bestimmten Gebrauch erst einführt[31].

Tut er das nicht, dann wird der Befehl nicht verstanden oder es besteht die Gefahr, daß er in einem ganz anderen Sinne ausgeführt wird.

Wendet man jetzt seine Aufmerksamkeit dem Mittelsatz (2b) zu: „a ist ein Rechtsgeschäft und verstößt gegen das Anstandsgefühl aller billig und gerecht Denkenden“, dann erhebt sich die Frage, wie man nachprüfen kann, ob eine derartige Feststellung durch ein Gericht wahr ist. Läßt sich dies nicht nachprüfen, kann man auch nicht sagen, ob der Justizsyllogismus in Ordnung ist. Ganz offensichtlich ist der Mittelsatz wahr, wenn jeder, der die Regeln für die Verwendung des Ausdrucks „Rechtsgeschäft“ und der Anstandsformel kennt, aufgrund von Beobachtungen (Beweisaufnahme)[32] diesen Satz als wahr bezeichnen würde. Wenn ein Gericht eine derartige Feststellung trifft und sie begründen will, darf es sie also nur in Einklang mit den einschlägigen Gebrauchsregeln für die Anstandsformel machen[33]; und die einschlägigen Regeln wiederum muß der Gesetzgeber angegeben haben. Damit dürfte hin-

---

[30] *V. Kutschera*, Sprachphilosophie, S. 18: Sprachliche Äußerungen können ihre Funktion erfüllen, insofern sie bedeutungsvoll sind.

[31] Und zwar konsequent; vgl. *Hare*, S. 167 ff. Gebe ich Anweisungen zu Verhaltensweisen, deren Charakteristika weitgehend verschieden oder sogar gegensätzlich sind, wird die Anweisung dem Hörer nicht helfen, seine Verhaltensweisen in Zukunft danach zu bestimmen, weil ich keinen konsistenten Standard lehre.

[32] Die Kenntnis der Regeln ist somit Voraussetzung für die Beweisaufnahme. Vgl. *Hruschka*, S. 20 ff.: Die Sachverhaltsbildung „ist nicht auf ein zufälliges Finden abgestellt, sondern man sucht etwas. Man muß wissen, was man suchen will, erst dann findet man etwas“. Ähnlich *Hassemer*, S. 63.

[33] *V. Savigny*, Normale Sprache, S. 203, 204.

reichend klar geworden sein, warum Kriterium (1) für die Ausgangsfrage herangezogen werden mußte.

Bevor wir aber weiterschreiten, wollen wir noch zwei Anmerkungen machen, um Mißverständnisse zu vermeiden.

Wenn ein Gesetzesausdruck diesem Kriterium nicht genügt, so soll das nicht heißen, daß dieser Ausdruck sinnlos ist und in einem Gesetz nicht auftauchen sollte[34]. Mit Gesetzesausdrücken, die nicht Kriterium (1) genügen, kann man vielmehr nicht immer einwandfreie Deduktionen aus dem Gesetz durchführen. Mehr soll nicht behauptet werden.

Weiter muß man bei dem Problem, ob es richtig ist, einen Ausdruck in einer bestimmten Situation zu verwenden, zweierlei auseinanderhalten: Erstens, es kann sich um die Frage, ob die üblichen Kriterien zutreffen, oder zweitens darum handeln, ob die üblichen Kriterien richtig sind.

Wenn bisher so getan wurde, als sei kein Unterschied zwischen Ausdrücken wie „rot", „Haus" usw. und solchen wie „gut", „unsittlich" o. ä., dann ist das nur korrekt gewesen, weil wir die Frage nach der richtigen Anwendung dieser Ausdrücke nur im Sinne der ersteren Frage gesehen haben. In diesem Sinne handelt es sich um eine reine Tatsachenfrage, ob ein bestimmter Ausdruck einem Gegenstand zu Recht zugesprochen wurde oder nicht. Diskutieren zwei Personen darüber, ob ein bestimmtes Auto ein guter Sportwagen ist, dann sind nur empirische Argumente erfolgreich, wenn es Standards für gute Sportwagen gibt, beide diese kennen und diesen Sprachgebrauch ihrer Diskussion zugrundelegen[35]. Ebenso ist es eine reine Tatsachenfrage, ob ein Verstoß gegen das Anstandsgefühl aller billig und gerecht Denkenden vorliegt, wenn der Gesetzgeber die empirischen Anwendungskriterien angegeben hat und der BGH stets die Formel in Übereinstimmung mit diesem Sprachgebrauch verwendet. Es ist klar, warum die Frage nach dem Vorliegen oder Nichtvorliegen der Anstandsformel nur in diesem Sinne aufgefaßt wurde: Weil andernfalls nicht einwandfrei aus dem Gesetz deduziert werden könnte.

[34] Dieser Meinung ist offensichtlich *Schreiber*, S. 84. Die meisten juristischen Ausdrücke werden vielmehr mit Hinweis auf einige Beispielsfälle eingeführt, wobei die Ähnlichkeiten zwischen diesen Beispielen nicht hinreichend deutlich werden, so daß die Gebrauchsregeln nicht klar genug zum Ausdruck kommen. Obwohl man solche Ausdrücke somit nicht eindeutig auf andere noch nicht bekannte und anerkannte Fälle anwenden kann, geben nur partiell interpretierte Ausdrücke wenigstens die Argumentationsrichtung an, in welcher Weise der Begriffsumfang durch erweiternde Auslegung oder Analogie ausgedehnt werden könnte oder ob durch die angegebenen Beispielsfälle der Anwendungsbereich erschöpft ist (argumentum e contrario). Nur partiell empirisch beschriebene Begriffe kommen übrigens auch in den Naturwissenschaften häufig vor. Vgl. *Essler*, Wissenschaftstheorie, Bd. II S. 113.

[35] Bei dem Allerweltsprädikat „gut" wird dies jedoch selten der Fall sein.

Der Unterschied zwischen Wert- und Seinsprädikaten wird richtig deutlich erst, wenn von der ersten zur zweiten Frage übergegangen wird, wenn also ein bestimmter Sprachgebrauch als nicht angemessen angesehen wird oder wenn erst ein bestimmter Sprachgebrauch eingeführt werden soll, weil es einen solchen noch nicht gibt. Man kann dann fragen, welchen Sprachgebrauch soll man einführen oder an die Stelle eines nicht mehr akzeptierten setzen. Das hängt offenbar damit zusammen, welche Zwecke wir verfolgen.

Mit der Sprache versuchen wir, uns die Welt zu erschließen[36]. Da wir der Welt in verschiedenen Weisen von verschiedenen Gesichtspunkten aus gegenübertreten, hängt die Angemessenheit der sprachlichen Regeln, mit denen wir die Welt gliedern, jeweils von diesen Gesichtspunkten ab. So ist es nicht verwunderlich, wenn hin und wieder derselbe Ausdruck je nach Gesichtspunkt anders verwendet wird. Fragt man z. B. nach einem Verkehrsunfall: „Was war für den Autounfall kausal?“[37], so könnte die Antwort eines Straßenbauingenieurs etwa so lauten: „Die Straße ist schlecht konstruiert, bei Regen wird sie leicht glitschig“. Ein Polizist wird die Verletzung einer Verkehrsregel durch den Fahrer als kausal bezeichnen. Ein Autokonstrukteur wird eine bestimmte ungünstige Eigenschaft des betreffenden Wagentyps, ein Psychologe den Depressionszustand des Fahrers, in dem sich dieser zur Zeit des Unfalls befand, als Ursache anführen. Je nach Gesichtspunkt bestimmt sich die Angemessenheit der Regeln für den Ausdruck „kausal“ oder „Ursache“ anders[38]. Das ist auch für die Unterscheidung von Wert- und Seinsprädikaten von Bedeutung. In naturwissenschaftlichen Kontexten z. B. sind die verwendeten Ausdrücke dann angemessen, wenn mit ihrer Hilfe Naturphänomene befriedigend beschrieben, erklärt und vorhergesagt werden können; in juristischen Zusammenhängen sollen dagegen die verwendeten Ausdrücke eine angemessene Bewertung und Bestimmung menschlichen Verhaltens gewährleisten. Dementsprechend müssen die Gebrauchsregeln für die Ausdrücke gewählt werden. Welche Regeln man wählt, hängt in den Naturwissenschaften u. a. von Beobachtungen ab, während man Werturteile u. a. mit Wertüberzeugungen diskutiert[39]. Die schwierige Unterscheidung zwischen Wert- und Seinsprädikaten[40] wird man einigermaßen sicher nur treffen

---

[36] *Kamlah / Lorenzen,* S. 45 ff.

[37] Das Beispiel ist von *Stegmüller,* Analytische Philosophie, Bd. I, S. 436, 437.

[38] Vgl. *Hassemer,* S. 153: Dieselbe wertwidrige Verhaltensweise läßt sich aus dem strafrechtlich-tatbestandlichen Gesichtspunkt betrachten, aber auch aus kriminologischen, psychologischen, psychiatrischen, anthropologischen, kultursoziologischen, philosophischen Gesichtspunkten. Jede dieser Konzeptionen muß zu einer anderen Typisierung der Wirklichkeit führen. Ähnlich *v. Kutschera,* Sprachphilosophie, S. 336, 337.

[39] *Priester,* Rechtstheorie, S. 29.

[40] Vgl. *v. Kutschera,* Logik der Normen, S. 129, 130.

können, wenn man sich ansieht, in welchen sprachlichen Zusammenhängen sie auftreten. Von Wertprädikaten kann man dann sprechen, wenn sie in Kontexten vorkommen, in denen bei Diskussionen über die Angemessenheit ihrer Gebrauchsregeln häufig Wertüberzeugungen erfolgreich sind, wie z. B. in der Rechtswissenschaft[41].

Mit diesem zweiten Aspekt der Frage, wann die Anstandsformel richtig angewendet wird, werden wir uns im zweiten Teil der Arbeit näher beschäftigen.

b) Die deskriptive Bedeutung der Anstandsformel muß vor jeder Rechtsanwendung durch die Gerichte feststehen

Aus den vorstehenden Ausführungen ergibt sich die Notwendigkeit des Kriteriums (2) (s. S. 20) zwangsläufig. Wären nämlich die Regeln für die Anwendung der Anstandsformel vom Gesetzgeber nicht festgelegt, käme es auf die nachträgliche Auffassung vor allem der Gerichte an, in welchen Situationen die Anstandsformel Verwendung finden soll[42]. Dann müßten die Gerichte angeben, was im Rahmen der hier zu behandelnden Generalklauseln relevant ist. Sollte es sich bei der Untersuchung von BGH-Entscheidungen herausstellen, daß die Gebrauchsregeln für die Anstandsformel nicht festliegen, sondern vom BGH erst mehr oder weniger bestimmt werden, dann ist die Anstandsformel eine Leerformel[43]. Der Extremfall einer solchen Leerformel ist ein Satz mit sehr weitem oder totalem logischen Spielraum[44]. Mit Leerformeln kann man fast alles oder fast nichts begründen. Eine Begründung aus dem Gesetz kann durch eine solche Formel auf keinen Fall geleistet werden.

---

[41] Aus diesem Grund ist die Unterscheidung zwischen „deskriptiven" und „normativen" Tatbestandsmerkmalen, wie sie vor allem die Strafrechtslehre trifft, nicht glücklich. Siehe *Larenz*, Methodenlehre, S. 209, Anm. 1, gegen *Engisch*, Einführung S. 109 ff. Einerseits ist z. B. die Frage nach der richtigen Verwendung des Ausdrucks „Mensch", d. h. ob jemand Mensch im Sinne der Tötungsdelikte bereits mit Beginn, im Verlauf oder erst nach Beendigung des Geburtsvorgangs ist, eine Frage, die ebenso wie das Problem, wann eine bestimmte Schrift unzüchtig ist, mit Wertüberzeugungen diskutiert werden muß. Andererseits beschreibt der angeblich nicht deskriptive Begriff „Unzucht" etwas, nämlich bestimmte menschliche Verhaltensweisen, die man sogar filmen kann, was die Existenzgrundlage eines Teils der heutigen Filmindustrie ausmacht. Der Unterschied zwischen den deskriptiven und normativen Begriffen im Strafrecht ist der der größeren und geringeren Bestimmtheit der jeweiligen Anwendungskriterien. Vgl. *Klüver*, S. 379, 380.

[42] *Schreiber*, S. 85.

[43] *Schreiber*, S. 85. Rechtssätzen, die Leerformeln enthalten, deswegen gleich die Rechtssatzqualität abzusprechen, erscheint uns aber voreilig. Die §§ 138, 826 BGB und 1 UWG erfüllen jedenfalls eine wichtige Funktion im Zivilrechtssystem (*Zippelius*, Wesen, S. 46 f.), obwohl sie eine Leerformel enthalten, wie sich herausstellen wird.

[44] *Topitsch*, Leerformeln, S. 233 ff.; *ders*. Sprachlogische Probleme, S. 24.

3. Möglichkeiten zur Festlegung der deskriptiven Bedeutung für die Anstandsformel durch den Gesetzgeber

a) Legaldefinition

Von der Möglichkeit, die Anwendungsregeln für bestimmte Ausdrücke durch Legaldefinition festzulegen, hat der Gesetzgeber des öfteren Gebrauch gemacht. In einer Legaldefinition werden die Gebrauchsregeln für einen Gesetzesbegriff dadurch bestimmt, daß er mit einem anderen Ausdruck gleichgesetzt wird, dessen Anwendungsregeln bekannt sind, etwa weil er umgangssprachlich in bestimmter Weise gebraucht wird oder ein präziser juristisch-technischer Sprachgebrauch besteht. Beide Ausdrücke sind dann bedeutungsgleich. § 90 BGB z. B. ist die Anweisung, das Wort „Sache" in derselben Weise zu verwenden wie den Ausdruck „körperlicher Gegenstand".

Für die Anstandsformel scheidet diese Möglichkeit aus. Es ließe sich — zur Not vielleicht[1] — die Anstandsformel als Definition der guten Sitten ansehen, daß aber die Anstandsformel selbst irgendwo vom Gesetzgeber, in den Motiven oder Protokollen zum BGB etwa, definiert worden wäre, davon kann keine Rede sein.

b) Zugrundelegung des umgangssprachlichen Gebrauchs. Der billig und gerecht Denkende als anerkanntes Leitbild?

Viele Gesetzesausdrücke werden der Umgangssprache entnommen, womit der Gesetzgeber die umgangssprachlich herausgebildeten Regeln zugrundelegt.

Für die Anstandsformel könnte das bedeuten, daß der Gesetzgeber ein Muster- oder Leitbild übernahm, das in der Gesellschaft des 19. Jahrhunderts als Personifikation von Verhaltensanforderungen anerkannt war. Solche Personifikationen, wie der „sorgfältige Kaufmann" oder der „bonus pater familias" usw., wurden in älteren Rechten zuweilen verwendet. *Esser*[2] bezeichnet dies als kein schlechtes Mittel, die normativen Maßstäbe plausibel zu machen, da niemand flagrant gegen das Leitbild verstoßen wollte, das traditionell in der betreffenden Gesellschaft nachdrücklich vorgestellt wurde.

Für den billig und gerecht Denkenden führt aber eine solche Annahme nicht zu einer Präzisierung. Möglich ist es zwar, daß es am Ende des 19. Jahrhunderts ein Leitbild „billig und gerecht Denkender" als

[1] Eine Definition der guten Sitten durch die Anstandsformel dürfte als nicht korrekt angesprochen werden müssen. Beide Begriffe sind so unbestimmt, daß man nicht entscheiden kann, ob sie bedeutungsgleich sind, weil man nicht genau weiß, was jeder Begriff bedeutet.

[2] Vorverständnis, S. 67.

Repräsentant einer homogenen Gesellschaftsmoral[3] gegeben hat. Als sich aber im 20. Jahrhundert die bürgerliche Gesellschaft zur industriellen Massengesellschaft entwickelte, damit erhebliche Umwälzungen in der Gesellschaftsstruktur einhergingen, die eine Veränderung auch in der Anwendung der Generalklauseln, §§ 138, 826 BGB und 1 UWG, bewirkten[4], mußte auch ein möglicherweise vorhanden gewesenes Leitbild seine Suggestivkraft verlieren. Daher nimmt es nicht wunder, daß der BGH die guten Sitten sachbezogen ohne Bezug auf Vorbilder diskutiert[5].

Heutzutage kann man sich als Nichtjurist unter dem Ausdruck „billig und gerecht Denkender" nicht viel vorstellen, was sich auch darin zeigt, daß die erste Erwähnung der Anstandsformel angehenden Jurastudenten häufig ein etwas anzügliches Lächeln wegen der ungewöhnlichen und verschrobenen Ausdrucksweise entlockt.

c) Zugrundelegung des juristisch-technischen Sprachgebrauchs zur Zeit des Inkrafttretens des BGB und UWG

Die weitaus wichtigste Möglichkeit, die deskriptive Bedeutung juristischer Ausdrücke festzulegen, ist, daß der Gesetzgeber den juristisch-technischen Sprachgebrauch zugrundelegt[6]. Bei der Abfassung eines neuen Gesetzes betritt der Gesetzgeber kein sprachliches Neuland, sondern verwendet den Großteil seiner Begriffe so, wie er von der Rechtsprechung und Rechtslehre erarbeitet wurde und worauf man sich in der Rechtswissenschaft einigen konnte.

Man sieht leicht, daß man hier auch damit nicht weiterkommt. Vergleicht man einen alten Kommentar aus der Jahrhundertwende[7] mit einem heutigen[8], so zeigt sich nicht nur, daß im Rahmen des § 138 BGB eine ganze Reihe neuer Fallgruppen inzwischen anerkannt ist, sondern auch Fälle, die früher eine große Rolle spielten, z. B. die „Bordellgeschäfte", heute nur noch eine geringe oder gar keine Bedeutung mehr haben. Für die §§ 826 BGB, 1 UWG ist es nicht anders[9]. Diese Entwick-

---

[3] Vgl. *Teubner*, S. 54; *Wieacker*, Privatrechtsgeschichte, S. 620.

[4] *Ludwig Raiser*, Vertragsfreiheit, S. 1 ff. (3) m. w. N.; *Simitis*, S. 10 ff.; *Teubner*, S. 56; *Wieacker*, Privatrechtsgeschichte, S. 545 ff., 620 ff.

[5] Vgl. *Esser*, Vorverständnis, S. 67.

[6] *Engisch*, Einführung, S. 78.

[7] *Hölder*, S. 304 ff., z. B. zählt praktisch keine Einzelfälle zu § 138 BGB auf. *Rehbein*, BGB, S. 181 ff., bringt als Beispiele für § 138 BGB: Handlungen, die die Ehrbarkeit beleidigen, Beförderung gesetzlich mißbilligter Handlungen, Einschränkung der Gewissensfreiheit, Zölibats- und Konkubinatsabreden und Bordellgeschäfte.

[8] Z. B. *Palandt / Heinrichs*, 138, 5, mit seinen vielen Beispielen.

[9] Vgl. *Teuber*, S. 58, der eine Aufzählung exemplarischer Fallgruppen für die Entwicklung der Anstandsformel von einer Verweisung auf Normen der

lung läßt sich nicht mit der Anstandsformel bewältigen, wenn man annimmt, der Gesetzgeber sei bei der Festlegung der Anstandsformel davon ausgegangen, was Rechtslehre und Rechtsprechung als Anwendungsfälle der Anstandsformel zur Zeit des Inkrafttretens des BGB und des UWG anerkannt hatten. Die damals anerkannten Fälle und die heutigen Fälle sittenwidriger Rechtsgeschäfte sind viel zu sehr verschieden. Aus den damaligen Beispielen kann man nicht in derselben Weise die Gebrauchsregeln für die Anstandsformel, die auch die heutigen Fälle beinhalten, entnehmen, wie man etwa aus einigen Exemplaren von Hunden die Regeln für den Ausdruck „Hund" lernen und diese dann auch auf andere unbekannte Hunde (auch anderer Rassen) mit Erfolg anwenden kann[10]. Die Festlegung der deskriptiven Bedeutung der Anstandsformel muß daher in einer Weise erfolgt sein, die auch die expansive Entwicklung der Gute-Sitten-Klauseln bis heute beinhaltet und rechtfertigt, wenn von einer Begründung aus dem Gesetz gesprochen werden soll.

d) Verweis auf eine außerrechtliche Maßstabsordnung

Den geschilderten Schwierigkeiten entgeht die herrschende Meinung[11] in der juristischen Literatur, indem sie in der Anstandsformel einen Verweis auf außerrechtliche Maßstäbe sieht. Wenn in dieser Sicht die Anstandsformel eine deduktive Begründung aus dem Gesetz leisten soll, dann muß es im außerrechtlichen Bereich — vage ausgedrückt — Regeln geben, die angeben, auf welche Sachverhalte die Anstandsformel angewendet werden soll, und diese Regeln müssen feststellbar sein. Da die Übereinstimmung der h. M. in der Kommentarliteratur um den Preis von Vereinfachungen, Unrichtigkeiten und Widersprüchen erlangt wurde, wie *Teubner*[12] richtig bemerkt, soll hier nicht die h. M. nachgezeichnet werden, sondern es sollen Überlegungen angestellt werden, worauf der Gesetzgeber überhaupt verwiesen haben könnte.

Am besten wäre es, der Gesetzgeber hätte auf ein System von Regeln verwiesen, das dem geschichtlichen Wandel der Meinungen entzogen und von der jeweiligen Anerkennung durch die Menschen unabhängig

---

Gesellschaft zu Mitteln staatlicher Wirtschaftspoltik gibt, was sich in einer extensiven Interpretation der Formel niederschlägt. Beispiele für § 826 BGB: Kontrahierungszwang für den Monopolisten, Mehrheitsmißbrauch, Streik, Aussperrung, Boykott, Urteilsmißbrauch.

[10] Siehe oben, II. 2. a, aa, Anm. 6.

[11] Vgl. die Kommentarliteratur: *Baumbach / Hefermehl*, UWG, Einl. 56—60; *Erman / Drees*, BGB, § 826, 6; *Palandt / Heinrichs*, BGB, § 138, 1, a, b; *Palandt / Thomas*, § 826, 2, a; BGB RGRK, 138, 1—3 und § 826, 7, 9; *Soergel / Hefermehl*, § 138, 1—5 und *Soergel / Knopp*, § 826, 4—7.

[12] S. 13.

wäre[13]. Eine derartige Ansicht vertritt der BGH in seinen berühmt-berüchtigten Strafrechtsentscheidungen zur Verlobtenunzucht und zur Hilfspflicht bei Selbstmord[14]. Zur Frage der Begründbarkeit und Erkennbarkeit der Normen einer solchen „vorgegebenen und hinzunehmenden Ordnung der Werte"[15] gibt es zwei Hauptrichtungen[16]. Die eine stellen die sogenannten Naturrechtslehren dar, für die andere ist die materiale Wertethik exemplarisch.

aa) Absolute, dem geschichtlichen Wandel entzogene Maßstabsordnung. Erkennbarkeit durch Ableitung aus Naturtatsachen

Unter Naturrechtslehren werden hier solche Lehren verstanden, die im Wirklichen zugleich einen Maßstab des Richtigen sehen[17], die eine Ableitung von Werturteilen und Normen aus der empirisch faßbaren Ordnung der Natur für möglich halten[18]. Tatsächlich aber haben die Vertreter derartiger Naturrechtslehren nie die tatsächliche Naturordnung erforscht. Die Argumentationen laufen regelmäßig auf Zirkelschlüsse hinaus, indem man das, was man sich wünscht oder für gut hält, für das Naturgemäße erklärt, und dann hinterher das Gute aus dem Naturgemäßen wieder herausholt[19]. Die Zirkelhaftigkeit naturrechtlichen Argumentierens hat *Topitsch* in verschiedenen Schriften nachgewiesen[20]. *Zippelius* setzt den Theorien, die in Sachstrukturen oder in einer naturgegebenen Anlage des Menschen das Richtmaß dafür sehen, was geschehen soll, den Kant'schen Einwand entgegen, daß man aus dem, was ist, nicht schließen kann, was sein soll[21]. Zwar gibt es Fälle, in denen man ganz unstreitig aus Tatsachenbehauptungen Werturteile oder Sollenssätze logisch ableiten kann[22]. Diese Fälle sind in der Diskussion lange übersehen worden, und zwar mit Recht; denn sie sind in bestimmter Weise trivial. Hat man aus einem Nichtwerturteil ein bestimmtes Werturteil abgeleitet, dann läßt sich auf dieselbe Weise ein anderes Werturteil aus demselben Nichtwerturteil ableiten, das genau das Gegenteil des ersten Werturteils aussagt. Die Frage, welches von

---

[13] Vgl. *Weinkauff*, Naturrechtsgedanke, S. 559 ff., BGHSt 6, 46 ff. (52 ff.) und BGH NJW 54, 766 f.

[14] BGHSt — GrS — 6, 46 ff.; BGHSt 17, 230 ff. BGHSt — GrS — 6, 147 ff.

[15] BGHSt 6, 46 ff., 52 ff.

[16] *Topitsch*, Naturrecht, S. 164.

[17] *Zippelius*, Wesen, S. 72.

[18] *Topitsch*, Naturrecht, S. 164.

[19] *Welzel*, Naturrecht, S. 31.

[20] *Topitsch*, Naturrecht, S. 159 ff. (173); *ders.*, Sozialphilosophie, S. 38 ff., 61 ff.

[21] *Zippelius*, Wesen, S. 80.

[22] *Hoerster*, Ableitung, S. 11 ff. und *Stegmüller*, Analytische Philosophie, Bd. IV, S. 51 f. Beispiele auch bei *v. Savigny*, Überprüfbarkeit, S. 45 ff. und Normale Sprache, S. 207, 208.

den beiden abgeleiteten gegensätzlichen Werturteilen man nun zu akzeptieren habe, läßt sich also nicht durch Hinweis auf das Nichtwerturteil entscheiden[23]. Die Kluft zwischen Sein und Sollen ist somit zwar keine logische, durch solche Ableitungen können aber Werturteile nicht erkannt und begründet werden[24]. Um die Gewinnung von Gebrauchsregeln für ein Wertprädikat geht es hier aber.

bb) Absolute, dem geschichtlichen Wandel entzogene Sittenordnung. Unmittelbare Erkenntnis durch Intuition

Die materiale Wertethik geht von der Existenz einer sittlichen Wertordnung aus, die unabhängig von aller Organisation bestimmter Geisteswesen besteht[25]. Diese an sich bestehenden sittlichen Werte[26] bilden eine absolut invariable Wertordnung[27].

Erfahren werden die Werte und ihre objektive Rangordnung durch unmittelbare Werterkenntnis, die sich „im Fühlen, Vorziehen, Lieben und Hassen wesensnotwendig vollzieht“ und die von einer „eigenen Evidenz“ begleitet ist[28].

Das zentrale Problem, mit dem derartige Ansichten konfrontiert sind, ist die Tatsache unterschiedlicher und sich widersprechender Werterfahrungen[29]. Diese Tatsache, die sich auch darin zeigt, daß die beiden Hauptvertreter der materialen Wertethik, *Scheler* und *Hartmann*, wo sie daran gehen, in concreto eine Tafel der Werte zu entwerfen, zu verschiedenen Ergebnissen kommen[30], läßt sich nicht dadurch wegdiskutieren, indem man behauptet, unter Leuten, die in ethischen Fragen uneins sind, seien eben die einen (wobei die einen stets die anderen sind) im Irrtum befangen[31]. Die „Wertblindheit“[32] der einen läßt sich nicht mit der Farbenblindheit vergleichen. Erstens nimmt der Normalsichtige objektiv mehr wahr als der Farbenblinde, weil er ihm überlegen ist, und zweitens gibt der Farbenblinde dies auch zu. Anders bei Leuten, die in ethischen Fragen uneins sind; beide kommen gleich gut durchs Leben[33]. Um festzustellen, ob einer farbenblind ist, gibt es einfache und anerkannte Kriterien, anders bei der „Wertblindheit“.

[23] *V. Savigny*, Überprüfbarkeit, S. 45.

[24] *Hoerster*, Ableitung, S. 36.

[25] *Scheler*, S. 67.

[26] *Hartmann*, S. 142 ff., *Scheler*, S. 67.

[27] *Scheler*, S. 40, 108.

[28] *Scheler*, S. 84, 88 ff.

[29] *Podlech*, Wertungen, S. 206.

[30] *Weischedel*, S. 26, 27.

[31] *V. Savigny*, Überprüfbarkeit, S. 49 ff.; *ders.* Normale Sprache, S. 197 ff.

[32] D. h. die wenigstens partielle Unfähigkeit, Werte oder ihre Rangordnung richtig zu sehen; vgl. *Podlech*, Wertungen, S. 206, 207.

[33] *V. Savigny*, Normale Sprache, S. 198.

Sobald man daran geht, die Aussagen der materialen Wertethik für das Recht anwendbar zu machen, zeigt es sich immer wieder, daß das, was als absolutes, unveränderliches Wertreich ausgegeben wird, nichts anderes als traditionelle Wertvorstellungen sind, die in einer bestimmten Zeitepoche als gültig akzeptiert sind[34]. Die „unmittelbare Werterkenntnis“ ist allenfalls in der Lage, für eine bestimmte geschichtliche Epoche gültige Werte zu erkennen. *Zippelius* meint: „Hinter dem, was eine Zeit als Werte und ihre Rangordnung zu erfassen vermag, ein unveränderliches, absolutes Wertreich anzunehmen, ist eine unbewiesene Hypothese, die zudem völlig unpraktikabel ist[35].“

Die Ablehnung der materialen Wertethik als Möglichkeit, die Kriterien für die Anwendung der Anstandsformel festzulegen, bedeutet nicht, daß es überhaupt keine Kriterien geben kann, sondern bloß, daß es keine absolute, dem geschichtlichen Wandel entzogene Sittenordnung gibt, auf die der Gesetzgeber verwiesen haben könnte.

cc) Rezeption von sozialen Normen

Wenn man den Autoren[36] folgt, die in der Anstandsformel einen Verweis auf soziale Normen erblicken, hätte die Rechtsprechung ein relativ gut praktikables Mittel in der Hand, Regeln für den Gebrauch der Anstandsformel zu ermitteln. Dank des Fortschritts der Demoskopie kann man heute ziemlich sicher herausbringen, welche normativen Erwartungen bei bestimmten Problemen in einer bestimmten Untersuchungsgruppe bestehen. Die Ergebnisse solcher Untersuchungen stellen Maßstäbe dar, die anders als die bisher diskutierten Möglichkeiten veränderten gesellschaftlichen Gegebenheiten Rechnung tragen und die Flexibilität und Durchsetzbarkeit des Rechts im Bereich der guten Sitten erhöhen.

In einer neueren Arbeit hat *Teubner* diese Ansicht näher präzisiert[37]. Für einen bestimmten Kernbereich der Gute-Sitten-Klauseln läßt sich seiner Meinung nach die Anstandsformel als Rezeption sozialer Normen begreifen. Eine soziale Norm ist nach Teubner definiert als „kollektiv

---

[34] So entsprechen die obersten Rechtsgrundsätze *Coings* in, Die obersten Grundsätze des Rechts, S. 64 ff., der historischen Lage der letzten 150 Jahre. Vgl. dazu *Welzel,* Naturrecht, S. 222, 223, Anm. 21. Den ethischen Prinzipien des BGH (St 6, 46 ff.) entsprechen die Grundsätze der traditionellen abendländisch-christlichen Sexualmoral. Dazu *Weischedel,* S. 31. Der materialen Geschäftsethik *Meyer-Cordings,* Gute Sitten, S. 273 ff., entsprechen die Fallgruppen, die die Rechtsprechung zu § 1 UWG entwickelt hat, die doch sicherlich auch anders hätten ausfallen können. Hierzu *Teubner,* S. 18.

[35] *Zippelius,* Wesen, S. 101.

[36] *Droste,* Umfrage, S. 323 ff.; *Hirsch,* Methodenlehre, S. 333 f.; *Kroitzsch,* S. 12 ff.; *Rheinfels,* S. 785 ff.; *Rinck,* S. 170 ff.

[37] Standards, S. 65—98.

befolgtes, erwartetes, sanktioniertes und legitimiertes Verhaltensmodell“[38].

Eine soziale Norm ist nach dieser Definition[39] gekennzeichnet durch Verhaltensweisen, die von allen oder einer bestimmten Kategorie von Gesellschafts- bzw. Gruppenmitgliedern in einer bestimmten Situation regelmäßig wiederholt werden[40], die verbindlich erwartet werden, wofür die Sanktionierung abweichenden Verhaltens ein wichtiges Indiz ist[41], und die von den Beteiligten positiv bewertet werden. Durch das Kriterium der verbindlichen Verhaltenserwartung unterscheidet sich eine soziale Norm von einem bloßen Brauch, der für die Präzisierung der Anstandsformel nicht relevant ist. Während beim Brauch die Erwartung bloße Voraussage ist, der im Enttäuschungsfall ein Lernprozeß auf seiten des Erwartenden folgt — d. h. die Erwartungen werden der Wirklichkeit angepaßt[42] —, erwartet bei einer sozialen Norm der „Normsender“[43] ohne Lernbereitschaft im Enttäuschungsfall[44] — d. h. er erwartet, daß sich die Wirklichkeit entsprechend seiner Vorstellung verhält. Bräuche in diesem Sinne ermöglichen somit keine Bestimmung und Bewertung menschlicher Verhaltensweisen, wonach hier gesucht wird.

Mit Hilfe des von Teubner gemachten Vorschlags kann man ermitteln, welches Verhalten von verschiedenen Gruppen von Normsendern erwartet wird. So können z. B. an einen Kaufmann, dessen Wettbewerbsverhalten im Rahmen von § 1 UWG zur Debatte steht, von vier verschiedenen „Bezugsgruppen“[45], nämlich den Verbrauchern, den

---

[38] S. 79.

[39] Im einzelnen ist der Sprachgebrauch in der soziologischen Diskussion uneinheitlich. Vgl. *Geiger*, S. 125 ff., 169 ff.; *König*, S. 36 ff.; *Spittler*, S. 9—27. *Teubner* wählt deswegen einen weiten Normbegriff, weil es ihm um einen adäquaten Ansatzpunkt für die richterliche Rezeptionsentscheidung geht (S. 72). Kollektive Verhaltensgleichheit ist nötig, da man nur individuell befolgte Verhaltenserwartungen nicht auf dem Umweg über die Gute-Sitten-Klauseln zur allgemeinen Pflicht erheben kann, was zur Gesinnungstyrannei führen würde (S. 74 u. 77). Verbindliche Verhaltenserwartungen ermöglichen eine Abgrenzung zum Brauch (S. 73, 74, 75). Die positive Bewertung der verbindlichen Verhaltenserwartungen braucht man, um bei der Rezeption einer sozialen Norm in zwingendes Recht eine Abgrenzung zu den Verkehrssitten, die im Rahmen der §§ 157, 242 BGB und 346 HGB das dispositive Recht ergänzen, zu erreichen (S. 77).

[40] *Popitz*, S. 22.

[41] *Teubner*, S. 75, 76.

[42] *Luhmann*, Bd. 1, S. 42 und auch *Henkel*, S. 116.

[43] *Teubner*, S. 74.

[44] *Teubner*, S. 75 in Anschluß an *Luhmann*, Bd. 1, S. 43.

[45] Zu diesem Begriff vgl. *Dahrendorf*, S. 45 ff.; *Teubner*, S. 85: „Bezugsgruppe ist eine Gruppe, die an den Inhaber einer bestimmten sozialen Position, hier des Kaufmanns, Rollenerwartungen stellt“.

Konkurrenten, den Marktgegnern und der Allgemeinheit[46], normative Anforderungen gestellt werden[47], was zu Normkonflikten führen kann[48].

Durch Auswahl der Bezugsgruppen, je nachdem ob sie durch das Verhalten des Kaufmanns betroffen sind[49], kann eine Reduktion oder Ausschaltung des Normkonflikts erreicht werden. Gelingt dies nicht, kann die Demoskopie zeigen, wie sich solche Erwartungskonflikte faktisch zu Normkompromissen einspielen[50]. Soziale Normen sind für den Richter feststellbar entweder durch eigene Sachkunde, weil er sich in dem betreffenden Berufszweig auskennt[51], oder durch eine demoskopische Umfrage (meistens wird eine Umfrage der betreffenden Industrie- und Handelskammer genügen). Oft kommen auch soziale Normen in Richtlinien der betreffenden Berufsverbände oder in Vereinbarungen zwischen den Berufsvereinigungen zum Ausdruck[52].

Derartige Ansichten haben sich jedoch nicht durchsetzen können. Das entscheidende Argument gegen jede soziologisch ausgerichtete Interpretation der Anstandsformel glaubte man in dem Dualismus zwischen Faktizität und Normativität gefunden zu haben[53]. Dieses Argument führt jedoch in unserem Zusammenhang, anders als bei der Diskussion der Naturrechtslehren, nicht dazu, daß die Ansicht, die Anstandsformel verweise auf soziale Normen, als Möglichkeit zur Festlegung der Anwendungskriterien von vornherein ausgeschlossen werden kann.

Soziale Normen stehen nämlich wie Rechtsnormen unter demselben Aspekt der Wirklichkeit gegenüber, indem sie menschliche Verhaltensweisen bestimmen und bewerten wollen. Der „Sprung vom Sein zum Sollen" wird bei einer sozialen Norm bereits auf der sozialen Ebene vollzogen[54]. Der genannte Einwand wäre dann gerechtfertigt, wenn die

---

46 *Teubner*, S. 86.

47 In der jur. Literatur zum Wettbewerbsrecht wird dies unter der Streitfrage erörtert, welcher Personenkreis maßgeblich ist. Vgl. *Baumbach / Hefermehl*, UWG, Einl. 63, 66; *Fikentscher*, S. 11 f.; *Ulmer / Reimer*, N. 55 ff.

48 Was nicht sein muß. Man kann gleichzeitig verschiedenen normativen Erwartungen genügen. Zu einem Konflikt kommt es, wenn die Erfüllung der einen Norm die Verletzung der anderen beinhaltet oder aber bei zwar inhaltlich verträglichen Normen die Erfüllung der einen Norm den Normadressaten zeitlich und/oder physisch so beansprucht, daß er die gleichzeitig gestellte andere Norm nicht oder nur teilweise erfüllen kann.

49 *Baumbach / Hefermehl*, UWG, Einl. 63; *Teubner*, S. 87.

50 *Teubner*, S. 87, weist darauf hin, daß nicht immer solche Kompromisse feststellbar sind, so daß dem Richter dann eine Entscheidung über die Priorität nicht erspart bleibt. Das legt den Schluß nahe, daß eine Deutung der Anstandsformel als Verweis auf soziale Normen die Anwendungskriterien nur unvollständig angeben würde.

51 *Teubner*, S. 67.

52 *Teubner*, S. 94.

53 So vor allem *Arzt*, S. 58 ff.

54 *Teubner*, S. 90.

soziologisch eingestellten Autoren etwa so argumentieren würden: Man solle empirisch feststellbare soziale Normen deswegen zur Ausfüllung der Anstandsformel heranziehen, weil das, was sich im gesellschaftlichen Leben eingespielt habe, auch das Richtige sei[55]. So wird aber in der Regel nicht argumentiert. Es werden vielmehr historische Gesichtspunkte vorgebracht, z. B. der Gesetzgeber habe auf die „tatsächlich vorhandene Geschäftsmoral" verwiesen[56]. Zweckmäßigkeitsgesichtspunkte treten hinzu: Die Effektivität der Durchsetzung einer rechtlichen Verhaltensnorm erhöhe sich, wenn soziale Zwänge den rechtlichen Sanktionszwang unterstützten[57]. Die Rezeption sozialer Normen passe das Recht dem gesellschaftlichen Wandel an usw. Das sind Argumente, die bei jeder Diskussion um die richtige Auslegung irgendeines juristischen Tatbestandsmerkmals auftauchen können.

Ob diese Argumente im einzelnen stichhaltig sind, soll hier nicht nachgeprüft werden. Entscheidend im Zusammenhang dieser Arbeit ist, daß soziale Normen die Funktion haben, Menschen zu Verhaltensweisen zu bestimmen[58] und Bewertungen auszudrücken. Sie enthalten Maßstäbe, die existieren und feststellbar sind. Darauf könnte der Gesetzgeber verwiesen haben. Mehr soll nicht behauptet werden[59].

Bei der Untersuchung von BGH-Entscheidungen muß daher auch die Möglichkeit im Auge behalten werden, daß der BGH herrschende normative Anforderungen der beteiligten Verkehrskreise und/oder der Allgemeinheit zur Begründung einer Entscheidung heranzieht.

dd) Übernahme von kollektiven Wertvorstellungen

Man kann sich vorstellen, daß man bei dem Versuch, die Existenz und den Inhalt von sozialen Normen für einen bestimmten Problemkreis zu ermitteln, nicht immer auf festgefügte normativ verbindliche

---

[55] Hinter solchen Argumentationen steht die metaphysische Voraussetzung, in den faktischen Gemeinschaftsordnungen komme die alles durchwaltende Weltvernunft zum Ausdruck oder diese Ordnungen beruhten auf göttlicher Setzung. *Zippelius*, Wesen, S. 73, 74; *Weinkauff*, Naturrechtsgedanke, S. 561.

[56] *Kroitzsch*, S. 15.

[57] *Teubner*, S. 66.

[58] Vgl. auch *Hirsch*, Soziales Ordnungsgefüge, S. 34.

[59] Dem stehen auch nicht die weiteren Argumente der h. M. gegen die soziologische Deutung entgegen. Die Vorwürfe, daß bei einer soziologischen Deutung ein Maßstab für die Bewertung von sozialen Normen (eine Bewertung der Bewertung also) fehle (*Arzt*, S. 42 f., *Fikentscher*, S. 110; *Hubmann*, Gewerbl. Rechtsschutz, S. 245; *Alfons Kraft*, S. 110, 114), daß die soziologische Deutung nicht das Phänomen des zu strengen Berufsethos bewältigen könne (*Schricker*, S. 221), sind eher Argumente dafür, daß diese Auffassung wahrscheinlich nicht ausreicht, um den Bereich der Anstandsformel auszuschöpfen; dagegen stellen sie keine Argumente gegen die Ansicht dar, damit ließen sich Maßstäbe für die Anstandsformel überhaupt gewinnen.

Verhaltenserwartungen stößt. Die Bezugsgruppe der Verbraucher z. B. wird, wenn man sie zu einem bestimmten Wettbewerbsverhalten eines Kaufmanns befragt, nicht allzu oft Sanktionsbereitschaft erkennen lassen, was ein Indiz für das Bestehen einer verbindlichen sozialen Norm wäre[60]. Dagegen wird man, wenn es sich nicht um allzu komplizierte Sachverhalte handelt, auf Meinungen und Vorstellungen treffen, die das fragliche Wettbewerbsverhalten des Kaufmanns mißbilligen oder für akzeptabel halten. Das Bestehen von gesellschaftlichen Meinungen und Auffassungen über die Wünschbarkeit bestimmter Verhaltensweisen ist nicht gleichzusetzen[61] mit der Geltung einer sozialen Norm, die, wie bereits ausgeführt, noch Verhaltensgleichförmigkeit und verbindliche Verhaltenserwartung voraussetzt. Bloße Meinungen und Wertungen der Betroffenen beziehen sich aber auf die Legitimität von sozialen Normen. Von einer Norm, die nicht von der Mehrheit der Betroffenen gestützt wird, kann man erwarten, daß sie in einiger Zeit abgeändert wird[62]. Gesellschaftliche Auffassungen spielen beim Wandel sozialer Normen eine große Rolle[63].

Für unseren Zusammenhang ist es wichtig, daß im außerrechtlichen Bereich, auch wenn soziale Normen nicht feststellbar sind, Maßstäbe vorhanden und feststellbar sind, mit deren Hilfe man Anwendungskriterien für die Anstandsformel gewinnen kann. Wir wollen diese Maßstäbe kollektive Wertvorstellungen nennen, die einen viel größeren Bereich umfassen, als er durch handlungsrelevante Normen gedeckt ist[64]. Gemeint sind damit Auffassungen, die positive oder negative Werturteile über bestimmte menschliche Verhaltensweisen zum Ausdruck bringen. Da es sich nicht um Einzelmeinungen handeln kann, wenn man die Anstandsformel als gesetzliche Verweisung auffaßt, müssen diese Vorstellungen von großen Bevölkerungsgruppen[65] oder wichtigen Gesellschaftsgruppen geteilt werden. Auch hier stellt sich die Frage, nach welchen Anschauungen man sich richten soll, wenn verschiedene Bevölkerungsgruppen verschiedene Vorstellungen über das zu beurteilende Verhalten haben. Man kann teilweise eine Reduktion oder Ausschaltung der Wertkonflikte erreichen, indem man die betreffenden Bevölkerungsgruppen auswählt, je nachdem ob sie betroffen

---

[60] Das Sanktionspotential der Verbraucher ist ja auch nicht besonders groß: Aufklärung, Anprangerung des betreffenden Kaufmanns oder des betreffenden Gewerbezweigs, der kaum zu praktizierende Käuferboykott.

[61] Deswegen sind soziale Normen nicht durch bloße Meinungsumfragen zu ermitteln. *Dahrendorf*, S. 44, 47; *Spittler*, S. 21; *Teubner*, S. 79.

[62] *Dahrendorf*, S. 50.

[63] *Teubner*, S. 99.

[64] *Teubner*, S. 105.

[65] Vgl. *Birke*, S. 45 ff.

sind[66]. Im Bereich des § 1 UWG kommen also auch hier wieder die überwiegend herrschende Meinung der Konkurrenten, der Marktgegner, der Verbraucher oder der Allgemeinheit in Betracht.

Angemerkt sei hier noch, daß unter Allgemeinheit die gesamte Bevölkerung verstanden wird. Von den Auffassungen der Allgemeinheit sollte man die Belange oder Interessen der Allgemeinheit unterscheiden, was oft vermengt wird. Wenn die Rechtsprechung von Belangen oder Interessen der Allgemeinheit spricht, dann ist oft eine gesetzliche Vorschrift oder ein Rechtsprinzip gemeint. In BGHZ 50, 1, 5 („Pelzversand") spielte z. B. die Erfüllung des Informationsinteresses der Öffentlichkeit durch die Presse eine Rolle. Dies ist zweifellos ein Belang oder Interesse der Allgemeinheit. Ob es aber eine Mehrheit der Gesamtbevölkerung wünschte, über die in dieser Entscheidung fraglichen wettbewerbsrechtlichen Tatbestände aufgeklärt zu werden, ist unbekannt und steht auf einem anderen Blatt.

Feststellbar sind solche kollektiven Wertvorstellungen unter anderem durch Meinungsumfragen. Eine solche durchzuführen, wird aber weit seltener als bei der Ermittlung von sozialen Normen nötig sein, weil einem Richter, der ja selbst ein Mitglied der Gesellschaft ist, und daher am allgemeinen Meinungskampf teilnimmt, derartige Wertvorstellungen meistens bekannt sind[67].

Auf kollektive Wertvorstellungen könnte der Gesetzgeber zur Präzisierung der Anstandsformel verwiesen haben.

e) Verweis auf die gesamte Rechtsordnung

In neuerer Zeit wurde ein weiterer — sehr beachteter — Vorschlag gemacht, die Anstandsformel zu präzisieren. *K. Simitis* äußert in seiner gründlichen, rechtsvergleichenden Schrift die Meinung, daß die deutschen Gute-Sitten-Klauseln in Anwendungsbereich, Funktion und Wirkung dem public policy des anglo-amerikanischen Rechtskreises entsprechen[68]. Die „guten Sitten" müsse man daher in „ordre public" umformulieren[69]. Unter ordre public versteht er den Inbegriff der zwingenden und dispositiven Gesetzesbestimmungen, sowie die von der Rechtsprechung und Rechtslehre entwickelten Regeln zur Erläuterung, Ergänzung, Vervollkommnung der Gesetze und seiner Anpassung an die gesellschaftlichen Verhältnisse[70]. Dazu gehört auch die Berücksichtigung der grundgesetzlichen Wertungen[71].

---

[66] *Baumbach / Hefermehl*, UWG, Einl. 63—66; *Teubner*, S. 104.

[67] Vgl. hierzu auch *Zippelius*, Wesen, 112 ff.

[68] S. 78 ff., 143 ff., 157 ff., 112 ff. und 162 ff.

[69] *Simitis*, S. 166.

[70] *Simitis*, S. 175 ff.

[71] *Simitis*, S. 180 ff. Die Ausstrahlungswirkung der Grundrechte auf das

Dieser Lehre haben sich inzwischen eine Reihe von Autoren[72] — wenigstens teilweise — angeschlossen. Sie stieß allerdings auch auf Kritik[73], die vor allem die gänzliche Eliminierung der ethischen Standards aus der Anstandsformel bemängelte. Auf die Berechtigung dieser Kritik näher einzugehen, soll hier nicht versucht werden. Für die Fragestellung ist auch hier wieder entscheidend, daß der Verweis auf die Wertungen des positiven Rechts auf Maßstäbe trifft, die existieren und feststellbar sind. Auch damit könnte der Gesetzgeber Regeln zur Anwendung der Anstandsformel angegeben haben.

f) Weitere Vorschläge

aa) Die Natur der Sache

Häufig wird als Konkretisierungsmöglichkeit der Anstandsformel die „Natur der Sache“ herangezogen[74]. Als Möglichkeit, die Anwendungsregeln für die Formel festzulegen, scheidet die Natur der Sache jedoch neben den bisher erörterten Möglichkeiten aus. Versteht man unter dem mehrdeutigen und schillernden Ausdruck „Natur der Sache“[75] Sachstrukturen, die den Lebensverhältnissen als ihr Maß und Ordnung mehr oder weniger innewohnen[76], dann gilt dasselbe, was gegen die Naturrechtslehren gesagt wurde: Aus dem was ist, kann man nicht erkennen, was sein soll; es sei denn, es werden ethische Maßstäbe in die Sache hineinmanipuliert[77]. Handelt es sich dagegen um die Übernahme vorrechtlicher Normen ins Recht[78] oder um die Beachtung vom Recht geschaffener Institutionen, wie das Vertragsverhältnis u. ä.[79],

---

Privatrecht über die Generalklauseln betonen u. a.: *Baumbach / Hefermehl*, UWG, Allgem., 44; *Flume*, S. 366; *Larenz*, Grundsätzliches, S. 119; *Leisner*, S. 226 ff., 365 ff.; *Maunz / Dürig*, GG, Art. 1, 127 ff., 132; *Zippelius*, Wertungsprobleme, S. 153.

[72] *Alfons Kraft*, S. 66—67, 116 ff.; *Sack*, S. 493 ff., vor allem S. 502, Ziff. 5. Teilweise: *Schricker*, S. 223 ff.; *Hubmann*, Interessenabwägung, S. 99; *Enneccerus / Nipperdey*, § 191 I, S. 1164 (Anm. 6). Dazu sind auch die Autoren zu zählen, die die Gute-Sitten-Klauseln als Institutionsschutz begreifen. Vgl. *Simitis* S. 172 ff.; *Ludwig Raiser*, Rechtsschutz, S. 156 f.; *Steindorff*, S. 71 ff.

[73] *Katzenberger*, S. 118; *Meyer-Cording*, Gute Sitten, S. 277 ff.; *Soergel / Siebert*, § 826, 9; *Kroitzsch*, S. 15.

[74] Z. B. *Arzt*, S. 40 ff.; *Alfons Kraft*, S. 69 ff.; *Schricker*, S. 233 ff.

[75] Vgl. *Dreier*, der eine Untersuchung vorlegt, in welcher Weise der Ausdruck Natur der Sache verwendet wird. Für keine dieser Verwendungsweisen ist es seiner Meinung nach zweckmäßig, diesen Ausdruck als jur. terminus technicus einzuführen, teils weil die Naturrechtsproblematik berührt wird, teils weil andere adäquate Ausdrücke zur Verfügung stehen, so z. B. wenn die zweckadäquate Beschaffenheit einer Institution gemeint ist (S. 125 ff.).

[76] Vgl. die klassische Formulierung bei *Dernburg*, Bd. I, § 38, S. 87.

[77] *Zippelius*, Wesen, S. 72, 76, 80 f.

[78] *Zippelius*, Wesen, S. 76.

[79] *Alfons Kraft*, S. 73.

dann entspricht der Verweis auf die Natur der Sache einem Verweis auf empirisch feststellbare soziale Normen oder kollektive Wertvorstellungen[80] oder auf einen Teil des positiven Rechts[81].

bb) Die Methode der Interessenabwägung

Ebenfalls nicht in diesen Zusammenhang gehört der Gedanke der Interessenabwägung, der neuerdings vor allem im Wettbewerbsrecht in die Diskussion um die Anwendung der Anstandsformel eingeführt wurde[82]. Auch wenn — mit *Alfons Kraft* — man die guten Sitten als eine methodische Anweisung an den Richter zur Interessenabwägung ansieht[83], ist noch nicht gesagt, welche Interessen überhaupt eingesetzt werden sollen, was eine Bewertung erfordert, und nach welchen Gesichtspunkten die ausgewählten Interessen abgewogen werden sollen, wozu man ebenfalls Bewertungsmaßstäbe braucht[84].

Aus diesem Grund bemühen sich auch die Anhänger der Interessenabwägung um eine inhaltliche Bestimmung der Anstandsformel. *Alfons Kraft* z. B. ist der Meinung, die Maßstäbe für die Interessenabwägung müßten der Gesamtrechtsordnung und der Natur der Sache[85] entnommen werden. Dem widersprechen *Hefermehl*[86] und *Hubmann*[87] mit dem Argument, bei der Interessenabwägung dürfe der sittlich-rechtliche Bezug nicht beiseitegeschoben werden.

Auch für die Methode der Interessenabwägung ist es daher wichtig, worauf der Gesetzgeber im Rahmen der Anstandsformel verwiesen haben könnte: auf außer- oder innerrechtliche Maßstäbe, auf Sozialnormen, kollektive Wertvorstellungen oder die Gesamtrechtsordnung[88].

---

[80] Sehr deutlich bei *Alfons Kraft*, S. 76, wonach die Natur der Sache „mittels der Kulturanschauung und der in einer Zeit herrschenden Wertvorstellungen“ zu bestimmen ist.

[81] Wenn zur Natur der Sache auch die vom Recht geschaffenen Institutionen, wie „das Vertragsverhältnis, die Gesellschaft, der Verein u. ä.“ (so *Alfons Kraft*, S. 73), gezählt werden, so bedeutet der Hinweis auf die Natur der Sache nichts anderes als ein Hinweis auf einen Teil der Gesamtrechtsordnung (s. oben, II. 3 e, Anm. 72).

[82] *Alfons Kraft*, S. 93 ff. Seiner Lehre folgen mit Vorbehalten *Baumbach / Hefermehl*, UWG, Einl. 85; *Hubmann*, Gewerblicher Rechtsschutz, § 49, IV, S. 246, 247; *Ulmer / Reimer*, Bd. III N. 59 f.

[83] *Alfons Kraft*, S. 43 f.

[84] *Heller*, S. 117; *Larenz*, Methodenlehre, S. 128 ff.

[85] *Alfons Kraft*, S. 66 ff., 88 u. 130.

[86] *Baumbach / Hefermehl*, UWG, Einl. 85.

[87] *Hubmann*, Gewerblicher Rechtsschutz, § 49 IV, S. 246, 247; auch *Schricker*, S. 237.

[88] Damit soll natürlich nicht die Berechtigung und Fruchtbarkeit der Methode der Interessenabwägung bestritten werden. Daß man glaubt, diese Methode für die Anstandsformel verwenden zu müssen, deutet vielmehr dar-

4. Untersuchung der Entscheidungsgründe von BGH-Entscheidungen

a) Vorüberlegungen

Aus den vorstehenden Ausführungen ergab sich, daß als Möglichkeit, die Gebrauchsregeln für die Anstandsformeln festzulegen, nur die Verweisung in Frage kommt. Worauf die Rechtsprechung jedoch verwiesen ist, darüber gehen die Meinungen in der Rechtslehre auseinander.

Drei Möglichkeiten, die diskutiert werden, ließen sich von vornherein nicht ausschließen: der Verweis auf soziale Normen, der Verweis auf kollektive Wertvorstellungen und der Verweis auf die Gesamtrechtsordnung.

Damit sind wir aber in eine mißliche Lage geraten; denn möglicherweise geben diese drei Möglichkeiten nicht identische Maßstäbe ab — im gegenteiligen Fall bestünde keine Veranlassung, darüber so heftig zu diskutieren, wie dies der Fall ist —, so daß der BGH mehrere Maßstäbe zur Verfügung hat, um seine Entscheidungen zu begründen. Daraus aber den Schluß zu ziehen, die Rechtsprechung sei bei der Anwendung der Anstandsformel auf keine bestimmten Gebrauchsregeln festgelegt, wäre aber jetzt noch voreilig. Es ist ja noch nicht gesagt, ob der BGH sich nicht an eine dieser Möglichkeiten gebunden hält und daraus konsequent seine Maßstäbe gewinnt, was im folgenden vor allem untersucht werden soll. Sollte sich dabei herausstellen, daß das Gericht nun tatsächlich alle drei vorgeschlagenen Möglichkeiten benutzt, dann muß erst sorgfältig geprüft werden, ob diese Maßstäbe nicht vielleicht doch identisch sind oder, was wahrscheinlicher ist, in eine bestimmte Reihenfolge, etwa in ein Subsidiaritätsverhältnis, zu bringen sind.

Eine derartige Ansicht vertritt z. B. *Larenz*[1]. Anknüpfungspunkte für die Anwendung der Anstandsformel sind seiner Meinung nach die herrschende Sozialmoral[2] und spezifisch rechtliche Wertmaßstäbe der Rechtsordnung[3], wobei den Rechtsgrundsätzen im Kollisionsfall der Vorrang vor der herrschenden Moral gebühre[4].

Erst wenn nachgewiesen ist, daß in der Rechtsprechung ein derartiges Subsidiaritätsverhältnis nicht besteht, kann man die Behauptung auf-

---

auf hin, daß die Anwendungskriterien nicht oder nur sehr ungenau festliegen, daß also die Gerichte erst nach Abwägung der beteiligten Interessen zu den Gebrauchsregeln für die Anstandsformel gelangen können. Ob dies nötig ist, das soll aber erst noch konkret gezeigt werden.

[1] In Grundsätzliches, S. 104 ff.

[2] *Larenz*, Grundsätzliches, S. 104 ff. Unter Sozialmoral versteht er „Verhaltensmodelle, die durch Eingewöhnung und ganz überwiegende Anerkennung Gültigkeit in der Sozietät erlangen“ (S. 107). Das entspricht weitgehend der Definition einer sozialen Norm. S. oben S. 35 und *Teubner*, S. 27.

[3] *Larenz*, Grundsätzliches, S. 109 ff.

[4] *Larenz*, Grundsätzliches, S. 118.

stellen, der BGH halte sich nicht an eine etwaige Festlegung der Gebrauchsregeln für die Anstandsformel mit der Folge, daß die Formel in seiner Rechtsprechung wie eine Leerformel behandelt wird. Dann aber kann man immer noch fragen, ob der Gesetzgeber nicht eine der Möglichkeiten zur Festlegung der Anstandsformel im Auge gehabt hat, als die genannten Paragraphen formuliert wurden. Man kann sich auch überlegen, ob es nicht vernünftiger wäre, wenn der BGH sich in Zukunft konsequent an eine der Möglichkeiten halten würde. Wäre dies der Fall, kann man dem BGH den Vorwurf machen, er setze sich über den Willen des Gesetzgebers hinweg oder er handele nicht vernünftig.

Aus diesen Klarstellungen ergibt sich das Programm der folgenden Untersuchung:

Untersucht werden Entscheidungen zu den §§ 138, 826 BGB und 1 UWG, die in der amtlichen Sammlung des BGH Band 1—60 veröffentlicht wurden. Von diesen Entscheidungen wurden diejenigen ausgewählt, in denen bei der Frage nach der Sittenwidrigkeit die Anstandsformel erwähnt und wenigstens ein paar Sätze zu der Formel geschrieben wurden[5]. Ansonsten wurden keine sachlichen Kriterien für die Auswahl der Beispiele zugrundegelegt; wir besprechen die Entscheidungen vielmehr in der zeitlichen Reihenfolge, wie sie in der Sammlung abgedruckt sind.

Die Frage, die bei der Besprechung beantwortet werden soll, lautet: Woher nimmt der BGH jeweils den Maßstab? Diese Frage versuchen wir dadurch zu beantworten, indem wir nach dem die Entscheidung tragenden Satz suchen, der oft einer der amtlichen Leitsätze ist. Der tragende Begründungssatz muß einigermaßen subsumtionsfähig sein; d. h. es muß durch Beweisaufnahme entscheidbar sein, ob der zu beurteilende Sachverhalt ein Anwendungsfall dieses Begründungssatzes ist. Wenn dies der Fall ist, kann aus einem solchen Begründungssatz ein Entscheidungssatz abgeleitet werden, wie etwa: „Das zwischen dem Kläger und dem Beklagten abgeschlossene Rechtsgeschäft ist nichtig".

Das Problem lautet dann, woher stammen die jeweils tragenden Begründungssätze. Wir werden dazu in der gesamten Rechtsordnung, unter sozialen Normen und kollektiven Wertvorstellungen nach Sätzen suchen, auf die die Begründungssätze vom BGH zurückgeführt werden oder worauf sie zurückführbar sind, wenn das Gericht dazu schweigt. Beruft sich der BGH auf eine vorgängige Rechtsprechung, werden wir diese Rechtsprechung daraufhin untersuchen.

---

[5] Hier fällt auf, daß in der überwiegenden Anzahl der Entscheidungen die Anstandsformel überhaupt nicht erwähnt wird (von 88 Urteilen erwähnten nur 32 die Anstandsformel). Das mag als, wenn auch nur schwaches, Indiz dafür gelten, daß die Anstandsformel in einer Begründung im Rahmen der §§ 138, 826 BGB, 1 UWG überflüssig ist. Vgl. *Arzt*, S. 104.

Es dürfte auf der Hand liegen, daß dies nicht immer leicht sein wird. Wie die Diskussion der Möglichkeiten, mit deren Hilfe die Anstandsformel präzisiert werden könnte, ergeben hat, lassen sich vor allem die Möglichkeiten, Gesamtrechtsordnung und kollektive Wertvorstellungen, nicht exakt definieren, so daß eine strenge Beweisführung ausscheidet. Die Behauptung, der tragende Begründungssatz sei der Rechtsordnung, kollektiven Wertvorstellungen oder einer sozialen Norm entnommen, wird daher nur dann aufgestellt, wenn der Nachweis ziemlich eindeutig ausfällt. Ansonsten lassen wir es offen, woher die Maßstäbe stammen.

b) Die Entscheidungen

BGHZ 10, 228 ff. (§ 138 I BGB)

In dieser Entscheidung geht es um die Frage, unter welchen Umständen Sicherungsverträge sittenwidrig und damit gemäß § 138 I BGB nichtig sind.

Auf Seite 232 führt der BGH aus: „Es kann nicht allgemein von einem bestimmten Tatbestand der Gläubigergefährdung ausgegangen und gesagt werden, daß in allen Fällen ganz bestimmte Merkmale in subjektiver oder objektiver Hinsicht vorliegen müssen, damit ein Sicherungsvertrag nach § 138 I BGB aus dem Gesichtspunkt der Gläubigergefährdung nichtig ist. Es sind vielmehr stets die besonderen Umstände des einzelnen Falles darauf zu prüfen, ob der Vertrag mit dem Anstandsgefühl aller billig und gerecht Denkenden übereinstimmt. Dabei sind vor allem die Anschauungen der in Betracht kommenden beteiligten Kreise, hier die ehrbare Kaufmannschaft, zu berücksichtigen, wobei das Durchschnittsmaß von Redlichkeit und Anstand zugrunde zu legen ist. Etwaige Mißbräuche, die sich in bestimmten Kreisen gebildet haben, sind nicht zu beachten."

Man sollte meinen, daß der BGH im Anschluß an dieses Zitat Ausführungen darüber macht, welche Anschauungen denn tatsächlich in den Kreisen der ehrbaren Kaufmannschaft herrschen. Davon ist aber keine Rede. Die Entscheidungsgründe bestehen vielmehr in einer Auseinandersetzung mit der Rechtsprechung des Reichsgerichts (S. 231) und in der Aufstellung von vier unterscheidbaren Tatbeständen, die die Sittenwidrigkeit eines Rechtsgeschäfts unter dem Gesichtspunkt der Gläubigergefährdung näher präzisieren sollen (S. 233 und 234). Demnach scheidet die Möglichkeit, Rezeption sozialer Normen — im folgenden mit Möglichkeit (1) abgekürzt —, aus. Würde der BGH von dieser Möglichkeit, die Anwendungskriterien für die Anstandsformel zu gewinnen, ausgehen, dann wäre die adäquate Reaktion die Zurückweisung der Streitsache an die Berufungsinstanz, damit diese erst feststellt, welche (und ob) sozialen Normen zu diesem Fragenkreis in den betreffenden Kreisen gelten.

Die Tatbestände, die der BGH in dieser Entscheidung aufstellt, könnte man etwa so formulieren:

(a) Wenn die Möglichkeit, daß Dritte infolge eines Sicherungsvertrages Schaden erleiden, so naheliegt, daß die Vertragschließenden damit rechneten, daß Dritte Schaden erleiden würden und dies billigend in Kauf nahmen (bedingter Vorsatz), oder

(b) sich grob fahrlässig dieser Erkenntnis verschlossen haben, dann ist ein solcher Vertrag nichtig[6].

(c) Ist die Wahrscheinlichkeit einer Schädigung Dritter weniger naheliegend, ist ein Sicherungsvertrag dann nichtig, wenn der wirtschaftliche Zusammenbruch des Schuldners nur hinausgeschoben werden soll und der Gläubiger hofft, sich dadurch persönliche Vorteile zu verschaffen[7].

(d) Wenn mit dem Sicherungsvertrag der Zweck verfolgt wird, den Schuldner wirklich zu sanieren, so ist bei einer nicht allzu naheliegenden Möglichkeit der Täuschung und Schädigung Dritter der Sicherungsvertrag nur nichtig, wenn die Vertragspartner nicht sachkundig, sorgfältig und gewissenhaft geprüft haben, ob das Sanierungsvorhaben auch Erfolg haben wird[8].

Die Tatbestände (a) bis (d) sind einigermaßen subsumtionsfähig. Die Frage ist nun, woher der BGH diese Tatbestände hat. Der Möglichkeit (1) entstammen sie nicht, wie bereits dargelegt wurde. Es spricht viel dafür, daß Maßstäbe des positiven Rechts, also der Gesamtrechtsordnung, — abgekürzt in Zukunft: Möglichkeit (3) — verwandt wurden[9]. Die Motivation, die die Rechtsprechung zur Aufstellung dieser oder ähnlicher Tatbestände führte[10], ist eine ganz ähnliche, wie sie in der Regelung des Besitzpfandrechts (§§ 1205, 1206 BGB) zum Ausdruck kommt[11], nämlich, daß andere Gläubiger des Schuldners nicht über dessen Kreditwürdigkeit getäuscht werden[12].

Bei dieser Entscheidung stützt sich der BGH — teilweise — auf eine umfangreiche Rechtsprechung des Reichsgerichts[13], wobei von beson-

---

[6] Tatbestand (a) und (b) kommen auf Seite 233 1. Abs. zum Ausdruck.

[7] Siehe BGHZ 10, Seite 233, 2. Abs.

[8] Zur Formulierung der Tatbestände (a) bis (d) vgl. *Westermann,* S. 31.

[9] Dieser Meinung sind *Larenz,* Grundsätzliches, S. 111 unten bis 114 oben und *Simitis,* S. 40 ff.

[10] Z. B. RGZ 136, 247, 253 ff.

[11] Vgl. *Böhmer,* Bd. II, 2, S. 143—146.

[12] *Larenz,* Grundsätzliches, S. 112.

[13] Zitiert werden auf S. 231: RG LZ 1931, 694; RGZ 143, 49; RGZ 118, 361;

derer Wichtigkeit das Urteil RGZ 136, 247 ff. ist. Dort bemühte sich das Reichsgericht ebenfalls um eine Präzisierung der Kriterien, die einen Sicherungsvertrag wegen Sittenwidrigkeit nichtig werden lassen und stellte fünf verschiedene Tatbestände auf[14]. Vergleicht man die Tatbestände (a) bis (d) mit denen des Reichsgerichts, so entspricht weitgehend der Tatbestand (a) dem der Gläubigergefährdung des Reichsgerichts[15] und Tatbestand (c) dem der Konkursverschleppung[16]. Zur Begründung und Herleitung des Tatbestandes der Gläubigergefährdung stellte das Reichsgericht auf S. 256 (oben) eine Ähnlichkeit mit dem Anfechtungsrecht wegen Gläubigerbenachteiligung (§ 3 Ziff. 1 AnfG) fest, weil die der Gläubigergefährdung „zugrundeliegende unlautere Handlungsweise des Sicherungsnehmers mit dem Anfechtungstatbestand, besonders auch hinsichtlich der Gründe und des Grades ihrer Verwerflichkeit auf einer Linie liegt".

Der dem Anfechtungstatbestand des § 3 Ziff. 1 AnfG entnommene Maßstab, der dem Reichsgericht für eine tragfähige Analogie[17] ausreichte, ist zweifellos ein der Gesamtrechtsordnung entnommener.

Auch für Tatbestand (c) bringt RGZ 136, 247 ff. Aufschluß. Die Konkursverschleppung, d. h. das Hinauszögern des Zusammenbruchs eines Schuldners zum Vorteil eines Gläubigers, widerspricht der Ordnungsfunktion des Konkursrechts[18]. Ein solches Vorgehen steht dem Grundsatz entgegen, daß alle Gläubiger, wenn sie auf volle Befriedigung nicht mehr rechnen können, dann gleichmäßig befriedigt werden sollen[19]. Auch dieser Grundsatz ist ein rechtlicher Maßstab.

Bei den Tatbeständen (b) und (d) ist die Sachlage weit schwieriger. Für Tatbestand (b) versagt der Gesichtspunkt des § 3 I Ziff. 1 AnfG, da die bloße Gläubigergefährdung mit Fahrlässigkeit des Handelnden

---

RG WarnRspr. 1929 Nr. 74 u. 84; RGZ 132, 187; RG WarnRspr 1929 Nr. 165; RG KonkTreuW 1934, 178.

[14] RGZ 136, 253, 254, nämlich die Tatbestände: Konkursverschleppung, Aussaugung, stille Geschäftsinhaberschaft, Kreditbetrug und Gläubigergefährdung.

[15] Daß der BGH sich (S. 232) gegen einen bestimmten Tatbestand der Gläubigergefährdung ausgesprochen hat, bedeutet nicht, daß der BGH den Satz, den das RG unter der Bezeichnung „Gläubigergefährdung" formulierte, verworfen hat, sondern daß der BGH darüber hinaus Fälle sittenwidriger Sicherungsverträge anerkennen wollte (insbesondere Tatbestände (b) und (d)).

[16] Vgl. *Barkhausen* NJW 53, 1665.

[17] *Westermann*, S. 26 zieht dagegen einen Umkehrschluß: „Sachverhalte, deren Anstößigkeit hinter den Tatbeständen der Absichtsanfechtung zurückbleiben, dürfen nicht unter § 138 BGB gebracht werden." Wie Westermann, *Esser / Stein*, S. 36.

[18] *Westermann*, S. 30.

[19] *Lent / Jauering*, S. 129.

sicherlich ein Minus darstellt[20]. In der Rechtsprechung des Reichsgerichts, auf die sich der BGH zur Untermauerung seiner Ansicht stützt (RGZ 143, 51; RGZ 118, 363; RG LZ 1931, 694), fehlen Hinweise auf die Herkunft des Maßstabes.

Wenn gesagt wird, ein Sicherungsvertrag sei sittenwidrig, wenn die Vertragschließenden sich grob fahrlässig der Erkenntnis verschlossen haben, daß Dritte sehr wahrscheinlich geschädigt werden, dann setzt das voraus, daß eine Pflicht besteht, sich über wahrscheinliche Schäden Dritter Gedanken zu machen. Diese Pflicht zur Prüfung der Lage des Schuldners und der Entwicklungsmöglichkeiten seines Geschäftes[21] bildet eine gemeinsame Voraussetzung für die Tatbestände (b) und (d). Die in den Tatbeständen (b) und (d) enthaltenen Anforderungen an die Vertragspartner eines Kreditsicherungsvertrages gaben teilweise Anlaß zu heftiger Kritik[22]. Die Autoren, die dem BGH folgen[23], fragen aber ebenso wie die Rechtsprechung selten nach dem Grund für die Prüfungspflicht; in der Regel wird der Grund unterstellt und nur der Umfang geprüft[24]. Ein Diskussionsbeitrag[25] sieht in der Prüfungspflicht einen Unterfall der zu § 823 I BGB entwickelten allgemeinen Verkehrssicherungspflichten[26], wonach derjenige, der eine Gefahrenquelle schafft, auch verpflichtet ist, die zur Abwendung der Gefahren erforderlichen Vorkehrungen zu treffen[27]. Allerdings sind die einzelnen, inzwischen anerkannten Verkehrssicherungspflichten derart verschieden, daß es kaum möglich ist, sie alle aus einem einheitlichen Prinzip abzuleiten[28]. Deswegen genügt es nicht zu sagen, die Gefahrenlage werde dadurch geschaffen, daß erhebliche Vermögenswerte des Schuldners dem Gläubiger zugeordnet würden, ohne daß dies nach außen erkennbar sei, und der Schuldner weiterhin kreditwürdig erscheine, um daraus den Schluß zu ziehen, die hier postulierte Prüfungspflicht erhalte ihre Rechtfertigung aus den allgemeinen Verkehrssicherungspflichten.

---

[20] Gl. Ansicht *Westermann*, S. 33, der auch hier wieder einen Umkehrschluß zieht. Gegen ihn *Paulus*, S. 153 ff. (157).

[21] *Larenz*, Grundsätzliches, S. 112, 113.

[22] *Barkhausen*, NJW 53, 1665; *Meyer-Cording*, JZ 53, 665; *Westermann*, S. 26 und 34 gegen Tatbestand (b) und auf S. 38 gegen Tatbestand (d).

[23] *Larenz*, Grundsätzliches, S. 114; *Paulus*, S. 157; *Wegerhoff*, S. 549.

[24] Das bemängelt *Westermann*, S. 35 Anm. 92 an der Rechtsprechung.

[25] *Wegerhoff*, S. 549.

[26] *Simitis*, S. 180, zählt die Verkehrssicherungspflichten zum ordre public, was allerdings u. M. nach erst dann korrekt ist, wenn bestimmte Pflichten durch die Rechtsprechung anerkannt und damit zum Bestand der rechtlichen Regeln geworden sind.

[27] Vgl. *Enneccerus / Nipperdey*, § 209 IV B, 1, b, S. 1287 f.; *Enneccerus / Lehmann*, § 234 II 2, S. 945, 946. RGZ 163, 26; BGHZ 9, 379; 14, 85; 16, 96; 17, 219; 21, 50; 24, 126 f.

[28] *Esser*, Schuldrecht, Bd. 2 § 108 II, S. 413, 414.

Vielmehr muß man auf die von der Rechtsprechung und Rechtslehre anerkannten Fallgruppen sehen, ob die hier in Frage stehende Prüfungspflicht mit einer dieser Fallgruppen vergleichbar ist. Ein Blick auf die anerkannten Fälle, für die Verkehrssicherungspflichten formuliert wurden[29], zeigt jedoch, daß keine dieser im Rahmen von § 823 I BGB aufgestellten Pflichten mit der in BGHZ 10, 228 verlangten Prüfungspflicht vergleichbar ist. Eine allgemeine Obhuts- oder Fürsorgepflicht kann für bestimmte Gewerbetreibende — hier das Bankwesen — kraft der Ausübung ihres Gewerbes nur für die in § 823 I BGB geschützten Rechtsgüter und Rechte, nicht aber im Hinblick auf reine Vermögensbelange Dritter bestehen[30]. Die allgemeinen Verkehrssicherungspflichten können daher zur Rechtfertigung der Prüfungspflicht nicht herangezogen werden. *Westermann* erörtert einige weitere denkbare rechtliche Gesichtspunkte für eine Herleitung dieser Pflichten[31], so z. B. eine Analogie zum Publizitätsgedanken des Pfandrechts, Herleitung der Prüfungspflicht aus Vertrag, vertragsähnlichen Verhältnissen oder sonstigen Beziehungen oder aus einer allgemeinen Pflicht, Dritte vor Schaden zu bewahren. Alle diese Gesichtspunkte sind für diesen Zusammenhang nicht zutreffend, was er mit plausiblen Argumenten darlegt. Daraus ergibt sich, daß es bezüglich der Prüfungspflicht sehr schwierig ist, einen Satz des Gesetzesrechts oder der von Rechtsprechung und Rechtslehre entwickelten Regeln zu finden, aus dem die Prüfungspflicht einigermaßen deutlich ableitbar ist. Da diese Pflicht für die Tatbestände (b) und (d) gleichermaßen von Bedeutung ist, können wir daher nicht mit gutem Gewissen behaupten, beide Tatbestände stammen aus Möglichkeit (3), wenn auch manches dafür spricht.

Man könnte weiter fragen, ob die vom BGH geforderte Prüfungspflicht kollektiven Wertvorstellungen — Möglichkeit (2) — entspricht. Das ist noch fraglicher. Es würde einer Unterstellung gleichkommen, wollten wir behaupten, die in der Prüfungspflicht enthaltenen Anforderungen entsprächen Wertvorstellungen, die von einem Großteil der Bankgewerbetreibenden (!), der gewerblichen Bankkunden oder gar der gesamten Bevölkerung geteilt werden.

Ergebnis: Für die Tatbestände (a) und (c) läßt sich feststellen, daß der BGH bzw. die vorgängige Rechtsprechung ihre Maßstäbe der Möglichkeit (3) entnommen hat.

---

[29] Vgl. z. B. *Soergel / Siebert / Zeuner*, § 823, 103—137; *Palandt / Thomas*, § 823, 14.

[30] *Schlegelberger / Hefermehl*, HGB, § 368, Anhang Anm. 202; *Westermann*, S. 38.

[31] S. 35—38. Er befaßt sich zwar mit einer Offenlegungspflicht; seine Ausführungen gelten aber für die Prüfungspflicht entsprechend (S. 38).

Für Tatbestand (b) und (d) mußte dies offen bleiben, da die Herkunft der vom BGH postulierten Prüfungspflicht nicht genau analysiert werden konnte.

BGHZ 15, 356 ff. „progressive Kundenwerbung" (§ 1 UWG)

Die Entscheidung betraf einen Fall der sog. progressiven Kundenwerbung. Für solche Werbesysteme ist es kennzeichnend, daß der Besteller mit dem Verkäufer einen bindenden Kaufvertrag abschließt, der Besteller jedoch die Möglichkeit hat, die Kaufpreisschuld ganz oder teilweise durch Werbung neuer Kunden zu tilgen[32]. Auf S. 364 führt der BGH aus:

„Der Maßstab, nach dem die Frage nach der Lauterkeit eines Werbemittels zu entscheiden ist, besteht in dem Anstandsgefühl des verständigen Durchschnittsgewerbetreibenden. Ein Werbemittel kann nicht schon dann als unlauter bezeichnet werden, weil es nicht üblich oder für den Mitbewerber unbequem oder gar schädlich ist. Auch in einem solchen Fall ist das Werbemittel vielmehr nur dann im Sinne von § 1 UWG unlauter, wenn es dem Anstandsgefühl des verständigen Durchschnittsgewerbetreibenden widerspricht.

Der Auffassung indessen, daß das Verkaufssystem der progressiven Kundenwerbung, so wie es die Kläger verwendet haben, mit den von der Rechtsprechung entwickelten Grenzen in Einklang zu bringen sei, kann nicht beigetreten werden."

In diesen Ausführungen zeigt sich eine ganz ähnliche Diskrepanz, wie sie oben in BGHZ 10, 232 aufgetreten ist. Einmal sagt der BGH, es komme auf das Anstandsgefühl des verständigen Durchschnittsgewerbetreibenden an, das für den Bereich des § 1 UWG seit BGHZ 13, 33 ff., ohne daß eine inhaltliche Änderung eingetreten ist[33], das Anstandsgefühl aller billig und gerecht Denkenden ersetzt hat. In demselben Atemzug aber mißbilligt der BGH das Verkaufssystem, weil es den von der vorgehenden Rechtsprechung entwickelten Grundsätzen nicht entspricht. Maßgebend ist also nicht, was die verständigen Durchschnittsgewerbetreibenden tatsächlich für Auffassungen haben, sondern was die Rechtsprechung zu Fällen dieser Art zum Ausdruck gebracht hat[34, 35]. Hierzu verweist der BGH auf eine ständige Rechtspre-

---

[32] BGHZ 15, S. 360.

[33] Daß damit offensichtlich bloß Worte ausgetauscht wurden, zeigt sich darin, daß zwischen beiden Formeln keine Unterschiede gemacht werden. *Baumbach / Hefermehl*, UWG, Einl. 57; *Schricker*, S. 191; *Teubner*, S. 19. Die Frage, worauf mit dieser Formel verwiesen sei, wird mit denselben Vorschlägen diskutiert wie vorher und wie bei den §§ 138, 826 BGB.

[34] Auf die Diskrepanz zwischen dem moralisch getönten Obersatz und der konkreten rechtlichen Begründung in der Urteilspraxis weisen hin: *Arzt*,

chung (angefangen von RGSt 34, 140; 321, 390, 403; RGSt 60, 250; RGSt 61, 281; RGZ 60, 379; RGZ 115, 319; BGHSt 2, 79, 139 und einiger OLG-Entscheidungen), die derartige Verkaufssysteme in ihren verschiedenen Erscheinungsformen (Hydro-, Gella-, Multiplex-, Admirasystem) als unlauter und strafrechtlich als unerlaubte Ausspielung (§ 286 StGB) angesehen hat.

Der in der Rechtsprechung des Reichsgerichts eine große Rolle spielende Verstoß gegen § 286 StGB, der ein rechtlicher Gesichtspunkt ist — Möglichkeit (3)[36] —, wird aber vom BGH nicht mehr besonders herausgestellt[37]. Er legt dagegen Wert darauf, daß sich das System der progressiven Kundenwerbung Mittel bedient, die dem Prinzip des Leistungswettbewerbs fremd seien[38]. Das System verdanke nämlich seine Anziehungskraft und Werbekraft der mit ihm eröffneten Aussicht auf verbilligten und gegebenenfalls kostenlosen Erwerb der angebotenen Ware und werbe somit nicht in erster Linie mit der Qualität und Preiswürdigkeit der Ware. Dieser Gesichtspunkt des Verstoßes gegen das Prinzip des Leistungswettbewerbs scheint dem BGH aber offensichtlich doch nicht so ganz für seine Begründung auszureichen, wenn er nämlich Werbemaßnahmen, die mit anderen Mitteln als der Güte der Waren auf den Kaufentschluß des Kunden Einfluß nehmen, nicht schlechthin für unlauter bezeichnet und die grundsätzliche Frage nach den Grenzen einer solchen Werbung offenläßt[39].

Den letztlich entscheidenden Gesichtspunkt sieht der BGH schließlich darin, daß das System der progressiven Kundenwerbung nicht dem für jede Werbung geltenden Gebot der Wahrheit entspricht. Dieser Gesichtspunkt läßt sich etwa so formulieren:

(e) Wer im geschäftlichen Verkehr zu Zwecken des Wettbewerbs Angaben macht, die die Gefahr einer Irreführung der Kunden mit sich

---

S. 51; *Esser / Stein,* S. 25, 29 f.; *Alfons Kraft,* S. 116; *Pawlowski,* S. 505; *Simitis,* S. 22 ff.; *Teubner,* S. 19.

[35] Diese Urteilspraxis führte zu der kritischen Bemerkung *Baumbachs* in Wettbewerbsrecht (1929), S. 174: „Praktisch entscheidet das Anstandsgefühl älterer Richter in hoher Stellung, die das Geschäftsleben nie kennengelernt haben."

[36] Strafgesetzbuch! Vgl. *Alfons Kraft,* S. 68; *Simitis,* S. 176.

[37] Ähnlich RGZ 115, 319 ff., das zwar einen Verstoß gegen § 286 StGB bejaht, aber zusätzliche Umstände für die Sittenwidrigkeit fordert (S. 325, 326). Anders dagegen OLG Hamburg NJW 54, 393 (395).

[38] BGHZ 15, 365.

[39] Das liegt wohl mehr daran, daß der Ausdruck „Leistungswettbewerb" mehrdeutig und vage ist. Führt man den Begriff Leistungswettbewerb zur besseren Abgrenzung zwischen lauterem und unlauterem Wettbewerb ein, liegt der Verdacht nahe, daß nur ein neuer Ausdruck für die Anstandsformel eingeführt wird, so daß unter anderem Etikett derselbe Streit unter der Frage, was wohl das Wesen des Leistungswettbewerbs ausmacht, auftaucht. *Freitag,* S. 16 ff. und 123, 124.

bringen, kann[40] auf Unterlassung und Schadensersatz in Anspruch genommen werden[41].

Woher der Maßstab kommt, ist unschwer festzustellen. Der Wahrheitsgrundsatz im Wettbewerb ist für den größten Teil seiner Anwendungen in § 3 UWG positiviert. § 3 UWG ist ein rechtlicher Maßstab. Da der BGH denselben Sachverhalt, nämlich daß die Aussicht auf kostenlosen oder verbilligten Erwerb nicht oder nicht in dem Maße für einen nicht unerheblichen Teil der Kunden besteht, wie sie der Kunde erwartet oder nach den Ankündigungen erwarten darf[42], als Anknüpfungspunkt sowohl für die Anwendung des § 1 als auch des § 3 UWG ansieht[43], läßt sich hier relativ eindeutig die Feststellung treffen, der in BGHZ 15, 356 ff. entscheidende Maßstab ist ein der positiven Rechtsordnung entnommener.

Es liegt darüberhinaus nahe zu fragen, ob nicht der Wahrheitsgrundsatz im Wettbewerb auch Anforderungen enthält, die mit Möglichkeit (1) oder (2) zu vereinbaren sind. So wurde es seit Jahren nahezu einhellig mißbilligt, wenn ein Konkurrent durch täuschende Angaben im Verkehr zu bestehen versucht[44]. Ein gutes Beispiel hierfür gibt die Arbeit von *Kohler* aus dem Jahre 1914[45], in der er zwar mit dem Verdikt der Sittenwidrigkeit sehr zurückhaltend ist, die Fälle der subjektiven und objektiven Täuschung jedoch als Fälle moralisch zu verurteilenden Wettbewerbsverhaltens bezeichnet[46]. Mit den von ihm angeführten Beispielen von Entscheidungen inländischer und ausländischer Gerichte[47] zeigt er anschaulich, daß die Fallgruppen der subjektiven und objektiven Täuschung der allgemeinen moralischen Mißbilligung sicher waren[48]. Daran hat sich auch bis heute nichts geändert. Wahrscheinlich handelt es sich bei der Forderung nach wahrheitsgemäßer Werbung sogar um eine verbindliche Verhaltenserwartung im Sinne einer sozialen Norm, die von allen in Frage kommenden Bezugsgruppen an die Werbetreibenden gestellt werden. Auf jeden Fall kann man die Behauptung aufstellen, der Wahrheitsgrundsatz im Wettbewerb entspreche kollektiven Wertvorstellungen dieser Bevölkerungsgruppen — Möglichkeit (2).

---

[40] Die Frage nach der Aktivlegitimation bleibt ausgeklammert.

[41] Vgl. *Baumbach / Hefermehl*, UWG § 1, Anm. 5.

[42] BGHZ 15, 366.

[43] BGHZ 15, 371 f.

[44] *Steindorff*, S. 69.

[45] *Kohler*, Der unlautere Wettbewerb.

[46] *Kohler*, S. 18, 24, 25, 155 ff.: Die Devise der Reklame muß u. a. Ehrlichkeit sein.

[47] *Kohler*, S. 153 ff.

[48] Gl. A. *Steindorff*, S. 69; *Teubner*, S. 55.

Fazit: Der in dieser Entscheidung maßgebliche Wahrheitsgrundsatz entstammt dem positiven Recht (§ 3 UWG), ist aber auch von kollektiven Wertvorstellungen getragen.

BGHZ 17, 327 ff. (§ 826 BGB)

Da die Entscheidung einen nicht alltäglichen Fall betraf, muß der Sachverhalt kurz geschildert werden. Die Klägerin beleidigte im April 1944 den Beklagten, indem sie ihn bei seiner Soldatenehre angriff; dabei äußerte sie ihr Mißfallen über den Krieg und das Hitler-System. Der Beklagte teilte das Vorgefallene mündlich und schriftlich dem damaligen Ortsgruppenleiter mit, über den dieser Bericht zur Gestapo gelangte. Daraufhin wurde die Klägerin wegen Wehrkraftzersetzung mit 3 Jahren Zuchthaus bestraft. In dem anhängigen Prozeß verlangte sie Ersatz für den körperlichen und gesundheitlichen Schaden, den sie durch die Haft erlitten hatte.

Auf Seite 332 findet man folgende Ausführungen des Gerichts: „Gewiß hat ein Beleidigter im allgemeinen das Recht, eine strafrechtliche Ahndung der erlittenen Ehrverletzung herbeizuführen. Auch soweit er damit einen Sachverhalt anzeigt, der den Tatbestand einer weiteren nach den bestehenden Gesetzen strafbaren Handlung enthält, macht er an sich von den formal-legalen Mitteln der Rechtsordnung Gebrauch. Gleichwohl kann sein Verhalten gegen die guten Sitten verstoßen. Durch § 826 BGB macht sich das Gesetz Vorschriften der Moral unmittelbar zu eigen, indem es Rechtshandlungen auch dann mißbilligt, wenn sie einen Verstoß gegen das Rechts- und Sittlichkeitsbewußtsein des Volkes, das Anstandsgefühl aller billig und gerecht Denkenden, enthalten. Insoweit dient § 826 BGB der Verwirklichung eines Rechts höherer Ordnung und gestattet die Beachtung der Forderung wahrer innerer Gerechtigkeit... Wird der Angezeigte Willkürmaßnahmen der Gestapo ausgeliefert und hat er eine unverhältnismäßig hohe, dem Unrechtsgehalt der Tat nicht entsprechende Strafe zu erwarten, so dient das dem Staatsbürger zustehende Recht zur Anzeige einer strafbaren Handlung nicht mehr der Rechtsverwirklichung, sondern wird mißbraucht, um Unrecht herbeizuführen."

Der für diesen Fall entscheidende Tatbestand könnte etwa so lauten:

(f) Wer gegen einen anderen eine objektiv wahre Anzeige erstattet und diesen damit dem Strafmechanismus eines Staates ausliefert, der eine unverhältnismäßig hohe, dem Unrechtsgehalt der Tat nicht entsprechende Strafe erwarten läßt und diesem dadurch vorsätzlich Schaden zufügt, ist dem anderen zum Ersatz des Schadens verpflichtet.

Aus dem vorstehenden Zitat ergibt sich deutlich, woher der BGH seinen Maßstab für Tatbestand (f) nicht hat, nämlich weder aus Möglichkeit (1) noch aus Möglichkeit (3). Möglichkeit (3) scheidet aus, weil der BGH unmißverständlich zum Ausdruck gebracht hat, daß der Beklagte von Rechts wegen die Anzeige erstatten durfte. Die Anzeige bei der Gestapo muß daher aus anderen Gründen mißbilligenswert sein. Das negative Werturteil über das Verhalten des Beklagten rechtfertigt sich aber aus den traditionellen Grundsätzen abendländisch-christlicher Moral, die sich ziemlich zwanglos als kollektive Wertvorstellungen bezeichnen lassen. Im Lichte dieser Grundsätze erscheint der nationalsozialistische Staat als Unrechtsstaat, der die bestehenden Gesetze als Instrumente rücksichtslosester Machtpolitik und als Bollwerk einer kleinen Schicht von Funktionären gebrauchte, denen jedes Bewußtsein für Menschenwürde und Rechtsstaatlichkeit verlorengegangen war[49]. Der Charakter des Regimes zeigte sich u. a. in der Praxis von Parteidienststellen oder der Gestapo, die vor allem in den letzten Kriegsjahren verhältnismäßig geringfügige und harmlose politische Äußerungen zu Kapitalverbrechen aufbauschten und dementsprechend hohe Bestrafungen veranlaßten[50]. Wer trotzdem einen Gegner des National-Sozialismus den Willkürmethoden der NS-Strafverfolgungsbehörden auslieferte, handelte bewußt als Werkzeug der Gestapo[51] und damit sittenwidrig. So oder ähnlich lauteten die Argumentationen der Gerichte zu Fällen dieser Art[52]. Weist man darüber hinaus darauf hin, daß es immer, selbst in der Zeit des „Dritten Reiches", als unanständig gegolten hat, einen anderen wegen politischer Äußerungen u. dgl. anzuzeigen[53], so kann man relativ zweifelsfrei die Feststellung treffen, der BGH habe den Maßstab für Tatbestand (f) herrschenden Wertvorstellungen — Möglichkeit (2) — entnommen[54].

BGHZ 19, 13 ff. (§ 138 I BGB)

Der BGH hatte sich mit der Frage auseinanderzusetzen, wann die Abtretung von Forderungen eines Bauunternehmers an eine Bank sittenwidrig ist. Gegen eine derartige Abtretung ist nach Ansicht des BGH (S. 17) nur dann etwas einzuwenden, „wenn die Klägerin (= Bank) damit in sittenwidriger Weise eigennützige Zwecke verfolgt hätte, weil sie sich dabei über die Interessen des Schuldners und seiner

---

[49] *Nipperdey*, S. 296, 297; Vgl. auch *Kaufmann*, Unrechtsbewußtsein, S. 223 ff.

[50] *Nipperdey*, S. 294.

[51] OLG Celle MDR 48, 175.

[52] Vgl. OLG Frankfurt, NJW 47/48, 23 f. und 24 f.; OLG Celle, MDR 48, 174 ff.; OLG Kiel, JR 48, 227 ff.

[53] Vgl. *Boesebeck*, S. 17 und auf S. 13 mit dem bezeichnenden Zitat von Hoffmann von Fallersleben: „Der größte Lump im ganzen Land, das ist und bleibt der Denunziant."

[54] Die herrschende Meinung entnimmt u. a. aus dieser Entscheidung ein Argument für die Berücksichtigung des ethischen Moments im Rahmen der Gute-Sitten-Klauseln. Vgl. *Schricker*, S. 192.

anderen Gläubiger in einer Weise hinwegsetzte, die mit dem Anstandsgefühl aller billig und gerecht denkenden Kaufleute unvereinbar ist".

Das entscheidende Kriterium für die Beurteilung des Abtretungsvertrags als sittenwidrig sieht der BGH darin, daß die Bank dem Schuldner einen Auftrag in solcher Weise finanzierte, daß dem Schuldner jegliche Freiheit für eigene wirtschaftliche und kaufmännische Entschließungen genommen wurde. Dieses Kriterium wollen wir so formulieren:

(g) Schließt ein Geldinstitut mit jemandem einen Finanzierungsvertrag in der Weise, daß diesem damit jegliche Freiheit für eigene wirtschaftliche und kaufmännische Entschließungen genommen wird, dann ist dieser Vertrag nichtig[55].

Für dessen Herleitung kommt hier wie vorher Möglichkeit (1) nicht in Betracht, da jeder Hinweis darauf fehlt, ob Tatbestand (g) einer verbindlichen Verhaltenserwartung, die etwa von der Gruppe der Bauunternehmer an das Bankgewerbe gestellt wird, entspricht.

Man könnte aber an Art. 2 I GG als Obersatz für Tatbestand (g) denken. Das wäre ein innerrechtlicher Gesichtspunkt[56]. Art. 2 I GG garantiert nämlich auch das Recht, sich wirtschaftlich frei zu entfalten. Wenn nun zwischen zwei Vertragspartnern ein Vertrag geschlossen wird, der für den einen Partner die Auswirkung hat, daß ihm seine wirtschaftliche Handlungsfreiheit genommen ist, liegt es auf der Hand, daß der Maßstab für Tatbestand (g) aus Art. 2 I GG stammen kann; denn die Auswirkungen eines solchen Vertrags sind gerade das Gegenteil von dem Zustand, den Art. 2 I GG herstellen und garantieren will[57]. Allerdings — und das spricht gegen die Heranziehung des Art. 2 I GG — ist diese Entscheidung des BGH in eine ständige Rechtsprechung eingebettet, die schon lange vor dem Inkrafttreten des GG (und auch der Weimarer Reichsverfassung) derartige Verträge als „Knebelungsverträge"[58] abqualifizierte. Die Funktion des Art. 2 I GG kann daher nicht in einer Begründung und Herleitung für diese Rechtsprechung liegen, das Grundrecht macht aber die zum Ausdruck gebrachten Wertungen deutlicher und plastischer[59].

---

[55] BGHZ 19, S. 13: Verkürzter Leitsatz der Entscheidung.

[56] *Simitis*, S. 180 ff., zieht die Grundsätze des GG, insbesondere die Grundrechte, für die Bestimmung des ordre public heran. Ebenso *Alfons Kraft*, S. 66; *Schricker*, S. 226 ff.

[57] Art. 2 I GG ist hier nicht als subjektives Recht genommen, sondern als grundgesetzliche Wertentscheidung. *Maunz / Dürig*, GG Art. 2, Anm. 57.

[58] Zu dieser Fallgruppe *Palandt / Heinrichs*, § 138, 5. a, bb; *Soergel / Siebert / Hefermehl*, § 138, 53 ff.; *Staudinger / Coing*, § 138, 18, dd, ff.

[59] So *Maunz / Dürig*, GG, Art. 1 III, Anm. 133.

Aber auch ohne Berücksichtigung des Art. 2 I GG lassen sich zwei Prinzipien finden, auf die die Rechtsprechung zu den Knebelungsverträgen zurückführbar ist. Nach dem Sozialmodell des klassischen Liberalismus, das als Grundmodell dem BGB zugrundeliegt, waren Vertragsfreiheit und Gewerbefreiheit Voraussetzung für die Entfaltung des allgemeinen Besten[60]. Mit beiden Prinzipien stehen Knebelungsverträge im Widerspruch: zur Vertragsfreiheit, weil einem der Vertragspartner keine Gestaltungsfreiheit bezüglich des Inhalts des Vertrages mehr bleibt[61]; zur Gewerbefreiheit, weil der Vertrag faktisch die Möglichkeit des unterlegenen Partners, sein Gewerbe in seinem Sinne auszuüben, zunichte macht. Die Vertragsfreiheit ist ein Prinzip, das dem BGB, insbesondere dem Schuldrecht, zugrundeliegt; die Gewerbefreiheit ist im § 1 der GewO (vom 26. 7. 1900) positiviert[62]. Daß die Rechtsprechung Knebelungsverträge unter diesen Aspekten gesehen hat, ergibt sich aus RGZ 53, 154 ff. (6. 12. 1902), einer der ersten Entscheidungen zur Abwehr von übermäßig einschränkenden Verträgen. In diesem Urteil kommt zum Ausdruck[63], daß unter Gewerbefreiheit auch wirtschaftliche Handlungsfreiheit zu verstehen ist — es handelte sich um ein Konkurrenzverbot —, deren übermäßige Einschränkung zu einem Verstoß gegen die guten Sitten führt[64].

Die Prinzipien der Vertragsfreiheit[65] und der Gewerbefreiheit sind innerrechtliche Maßstäbe — Möglichkeit (3). Im Hinblick auf das Prinzip der Gewerbefreiheit steht das bereits in den Motiven zum BGB[66].

Ob daneben auch Möglichkeit (2) in Betracht kommt, ist nicht ganz so leicht zu sagen. Zur Zeit der Beratungen zum BGB war man sich anscheinend nicht völlig einig, ob ein Verstoß gegen die Gewerbefreiheit von der herrschenden Moral mißbilligt würde. Der sozialdemokratische Abgeordnete *Stadthagen* äußerte z. B. die Befürchtung, manche rückwärts blickende Richter würden in der Gewerbefreiheit etwas Schädliches sehen[67]. Nun hat sich aber inzwischen auch das Prinzip der

---

60 *Teubner,* S. 52.

61 Zur Vertragsfreiheit gehört inhaltliche Gestaltungsfreiheit, vgl. *Flume,* S. 12.

62 *Landmann / Rohmer / Eyermann / Fröhler,* GewO, § 1, Rdnr. 13 ff.

63 RGZ 53, S. 156.

64 Vgl. *Landmann / Rohmer* u. a. GewO, § 1 Rdnr. 7: Die Schöpfer der GewO haben die Gewerbefreiheit nicht als ein ausschließlich gegen den Staat gerichtetes Institut aufgefaßt, sondern auch gegen monopolartige Einflüsse Privater.

65 Vgl. *Simitis,* S. 173 und 174, Anm. 30.

66 Motive, § 106, S. 211; Vgl. auch *Mugdan,* Materialien, Bd. I, S. 1003 ff., besonders die Rede des Abgeordneten Stadthagen, der die Gewerbefreiheit zum ordre public zählte.

67 *Mugdan,* Materialien, Bd. I, S. 1005, 1006.

Gewerbefreiheit soweit durchgesetzt, daß es als ein allgemein positiv bewerteter Grundsatz unserer Wirtschafts- und Gesellschaftsordnung anerkannt ist.

In der Vertrags- und Gewerbefreiheit hat man also zwei Maßstäbe zur Hand, die sowohl aus Möglichkeit (3) als auch aus Möglichkeit (2) stammen.

BGHZ 20, 71 ff. (§ 138 I BGB)

Bei der Entscheidung handelt es sich um einen Fall des „Mätressen-Testaments". Die Abqualifizierung des in Frage stehenden Testaments ergibt sich aus etwa folgendem Tatbestand:

(h) Wenn ein verheirateter Mann seiner Geliebten durch Testament etwas zuwendet, um die Fortsetzung des ehebrecherischen Verhältnisses zu fördern oder die Geliebte für die geschlechtliche Hingabe zu belohnen, dann ist dieses Testament nichtig[68].

Maßstab für die Beurteilung des Testaments ist die Mißbilligung jeglichen außerehelichen Geschlechtsverkehrs[69, 70]. Woher der Maßstab hierfür kommt, ist unschwer festzustellen. Die Ächtung außerehelicher Geschlechtsbeziehungen entstammt traditioneller christlicher Sexualmoral[71].

Zwar sieht man in der Rechtsprechung ein zivilrechtliches Beispiel für die naturrechtliche Argumentation des BGH, vor allem, weil sie offensichtlich von der Verlobten-Unzuchtsentscheidung des BGH in Strafsachen[72] inspiriert ist[73]. Naturrechtliche Argumentationen, die eine absolute, dem geschichtlichen Wandel entzogene Wertordnung behaupten, haben wir bereits als Konkretisierungsmöglichkeiten für die Anstandsformel abgelehnt. Wie *Weischedel*[74] aber überzeugend dargelegt hat, wurde vom BGH in der Verlobtenentscheidung nur ein einzelner Zweig des abendländisch-christlichen ethischen Denkens vorausgesetzt. Die traditionelle christliche Sexualmoral läßt sich zwanglos in eine Ordnung von moralischen Anforderungen umdeuten, die nicht nur im

---

[68] BGHZ 20, S. 72.

[69] Vgl. *Müller-Freienfels*, S. 441.

[70] Zwar wird dies in dieser krassen Form nirgends ausgesprochen. Theoretisch konzedierte der BGH dem Erblasser, daß er auch beachtenswerte Beweggründe bei Testamentserrichtung gehabt haben kann (Vgl. BGH LM (Ce) Nr. 2 zu § 138). Praktisch aber umging die Rspr. die konkrete Würdigung der Beweggründe dadurch, daß die bedachte Geliebte zu beweisen hatte, die Zuwendungen seien den Umständen nach nicht auf geschlechtliche Beziehungen zurückzuführen. So *Ramm*, S. 130.

[71] *Wieacker*, Recht und Sittlichkeit, S. 246.

[72] BGHSt 6, 46 ff.

[73] *Teubner*, S. 15.

[74] Ethik, S. 31.

Laufe der Geschichte mannigfache Änderungen durchgemacht hat, sondern von der anzunehmen ist, daß sie sich auch in der Zukunft noch wesentlich wandeln wird[75]. Es steht daher nichts der Behauptung entgegen, der BGH habe den Maßstab für die weitgehende Verurteilung außerehelicher Geschlechtsbeziehungen Möglichkeit (2) entnommen. Die Anforderungen der traditionellen christlichen Sexualmoral wurden von den beiden großen deutschen Kirchen getragen und im Jahre 1956, dem Zeitpunkt dieser BGH-Entscheidung, noch von großen Teilen der Bevölkerung positiv beurteilt[76]. Möglichkeit (1) dürfte daneben auszuschließen sein, da man mit Recht daran zweifeln kann, daß eine soziale Norm, die ein Verbot außerehelichen Geschlechtsverkehrs beinhaltete, zur Zeit der BGH-Entscheidung in Geltung war[77]. Dagegen spricht, daß die Legitimität einer solchen Norm nicht sehr hoch gewesen wäre; nach dem in Anm. 76 zitierten Umfrageergebnis billigten 38 % der Bevölkerung einen Ehebruch. Man kann auch daran zweifeln, daß eine genügend hohe Sanktionsbereitschaft seitens der Gesellschaft vorhanden war. Schließlich dürfte die Verhaltensgleichförmigkeit nicht sehr hoch anzusetzen sein, wenn man bedenkt, daß 40 % bis 70 % aller Erstkinder vorehelich gezeugt sind[78].

Aus dem positiven Recht läßt sich ein derart weittragendes[79] Verdikt nicht ablesen. § 172 StGB, der zur Zeit der BGH-Entscheidung noch galt, mißbilligt zwar den Ehebruch, knüpft jedoch an ihn eine strafrechtliche Sanktion nur, wenn erst die zusätzlichen Bedingungen, Scheidung der Ehe wegen des Ehebruchs und Strafantrag des verletzten Ehegatten, erfüllt sind. Gerade bei dem Mätressen-Testament sind die Ehen des Erblassers oder der Bedachten in der Regel nicht geschieden, so daß sich aus § 172 StGB eher ein rechtliches Gegenargument ergibt.

Auch die Betrachtung der übrigen Sittlichkeitsdelikte spricht mehr für eine rechtliche Duldung außerehelicher Geschlechtsbeziehungen als für eine generelle Ächtung. Damit konform geht eine Äußerung *Zweigerts* auf dem 44. Deutschen Juristentag[80]: „Falsch ist, daß der außer-

---

[75] Vgl. *Müller-Freienfels,* S. 442, Anm. 9, 10, 11, 12, 13, wo die Stellungnahmen katholischer Moraltheologen und evangelischer Ethiker abgedruckt sind.

[76] Dazu ein Umfrageergebnis des Allensbacher Instituts aus dem Jahre 1949; abgedruckt bei *v. Friedeburg,* S. 38: „Stellungnahmen zu außerehelichen intimen Beziehungen verheirateter Menschen: 25 % der Befragten verurteilten sie bedingungslos, 11 % sind unentschieden, ob sie bestimmte Ausnahmen zulassen würden, 26 % wollen bei schwerwiegenden Gründen Ausnahmen gelten lassen, 31 % billigen außereheliche Beziehungen in weiteren Grenzen und 7 % billigen sie in jedem Fall."

[77] Man hätte höchstens regionale Geltung in Kleinstädten oder auf dem flachen Land feststellen können.

[78] *Birke,* S. 57.

[79] *Ramm,* S. 130 und s. o. Anm. 70.

[80] *Zweigert,* Verhandlungen des 44. DJT, Bd. II 1964, C, 8.

eheliche Geschlechtsverkehr generell rechtlich mißbilligt wird, er ist vielmehr weitgehend juristisch indifferent[81]." Fraglich ist auch, ob der Schutz von Ehe und Familie, den Art. 6 I GG im Auge hat, die generelle Mißbilligung außerehelichen Geschlechtsverkehrs verlangt. *Ramm*[82] bringt unter Hinweis auf Wortlaut und Entstehungsgeschichte des Art. 6 I GG den Einwand, daß der grundgesetzliche Schutz von Ehe und Familie nicht schon jedes Zusammenleben von Mann und Frau (außerhalb ihrer Ehe) allein oder mit gemeinschaftlichen Kindern rechtlich abwertet. Damit scheidet auch Möglichkeit (3) aus.

BGHZ 22, 347 ff. (§ 138 I BGB)

Der diese Entscheidung tragende Satz findet sich im Leitsatz und lautet:

(i) Verlagsrechtliche Optionsvereinbarungen (Vorrechtsverträge), die einen Verfasser verpflichten, künftige Werke zuerst einem bestimmten Verleger zum Abschluß eines Verlagsvertrages anzubieten, sind wegen eines Verstoßes gegen die guten Sitten nichtig, wenn sie ohne zeitliche oder gegenständliche Beschränkung für das gesamte künftige Schaffen des Verfassers gelten sollen und der Verleger für die Einräumung des Optionsrechts keine angemessene Gegenleistung übernimmt.

Maßgeblich für die Verurteilung des fraglichen Vertrags sind Gesichtspunkte, die zur Annahme einer sittenwidrigen Knebelung Anlaß geben[83]. Hierzu wird auf die oben besprochene Entscheidung BGHZ 19, 13 ff. verwiesen, wobei hier jedoch das Prinzip der Vertragsfreiheit die maßgebende Rolle spielt. Der Verfasser wird nämlich an einen Vertrag mit dem Inhalt gebunden, nur mit einem bestimmten Verleger Verlagsverträge abzuschließen. Die Abschlußfreiheit, durch Verträge mit anderen Vertragspartnern seine künftigen Werke zu verwerten, ist dem Verfasser nicht mehr gegeben. Das bedeutet, daß der BGH Möglichkeit (3) in Anspruch genommen hat.

Auf Seite 356, 357 bringt der BGH aber noch einen weiteren Gesichtspunkt. Der Vertrag ist auch deswegen unsittlich, weil er von den Berufsorganisationen der vertragschließenden Parteien als standeswidrig angesehen wird. Die Auffassung der Berufsorganisationen kommt in Richtlinien zum Ausdruck, die zwischen dem Börsenverein deutscher Verleger- und Buchhändlerverbände e. V., dem die Mehrzahl der deutschen Verleger angehört[84], dem Schutzverband der deutschen Schrift-

---

[81] Diese Ansicht hat *Müller-Freienfels*, S. 442, übernommen.

[82] S. 132.

[83] BGHZ 22, S. 350.

[84] BGHZ 22, 356.

steller, sowie dem deutschen Hochschulverband vereinbart wurden[85]. Hier haben wir das erste Mal einen Fall vor uns, wo die vertragschließenden Parteien gegen eine bestehende soziale Norm verstoßen haben[86] — Möglichkeit (1). Bei den genannten Richtlinien handelt es sich zweifellos um verbindliche Verhaltenserwartungen, die von den betreffenden Berufsorganisationen an ihre Mitglieder gestellt werden, was sich aus der Überschrift „Vertragsnormen" im Titel der Vereinbarung ergibt. Zwar entsprechen solche Richtlinien zwischen den Berufsorganisationen nicht immer den Überzeugungen der von ihnen repräsentierten Berufsangehörigen[87], der BGH nimmt dies aber offensichtlich für diesen Fall an. Er bringt dies mit folgenden Worten zum Ausdruck (S. 355): „Es hat sich in den beteiligten Kreisen mehr und mehr die Überzeugung durchgesetzt[88], daß eine solche einseitige Bindung durch eine für alle Zeiten und seine gesamte schriftstellerische Produktion getroffene Optionsabrede die künstlerische und gewerbliche Freiheit des Autors in unzumutbarer Weise beschränkt und deshalb in der Regel eine sittenwidrige Knebelung des Autors darstellt."

Der BGH ist also offensichtlich im Rahmen der Sittlichkeitsprüfung bereit, auch soziale Normen zur Maßstabsbestimmung heranzuziehen.

c) Weitere Entscheidungen und Zusammenfassung der Ergebnisse

Mit BGHZ 22, 346 ff. wird die ausführliche Besprechung von BGH-Entscheidungen abgebrochen. Sie reichen bereits aus, um im wesentlichen die Ausgangsfrage beantworten zu können. Die bisherigen Ergebnisse können wie folgt zusammengefaßt werden:

Die Maßstäbe für die Ausfüllung der Anstandsformel stammen:

— in BGHZ 10, 228 ff. für Tatbestand (a) aus Möglichk. (3)
für Tatbestand (c) aus Möglichk. (3)

— in BGHZ 15, 356 ff. für Tatbestand (e) aus Möglichk. (3)
und aus Möglichk. (2)

---

[85] Das Abkommen über Vertragsnormen bei wissenschaftlichen Verlagswerken zwischen dem dt. Hochschulverband und dem Börsenverein dt. Verleger- und Buchhändler-Verbände ist abgedruckt bei *Bappert / Maunz*, Anhang, S. 478 ff. Für diesen Fall gilt Anlage A. Ziff. 12, Abs. I.

[86] *Teubner*, S. 93 ff. mit vergleichbaren Beispielen.

[87] Eine solche Entsprechung wird vom OLG Karlsruhe WRP 68, 159 gefordert. Vgl. auch OLG Celle GRUR 59, 191 f. („Werbereportage") für den ähnlichen Fall der Richtlinien des Verbands der Zeitungsverleger.

[88] *Baumbach / Hefermehl*, UWG, Einl. 70: Die Anordnungen der Verbände sind als Indiz für eine bestimmte Standesauffassung zu werten. Ähnlich ist LG Berlin WuW/E/LG/AG Nr. 267 der Meinung, daß das Verhalten entsprechend einer veröffentlichten Wettbewerbsregel den Beweis des ersten Anscheins für eine feststehende Standesauffassung rechtfertigt.

— in BGHZ 17, 327 ff. für Tatbestand (f) aus Möglichk. (2)

— in BGHZ 19, 13 ff. für Tatbestand (g) aus Möglichk. (3)
und aus Möglichk. (2)

— in BGHZ 20, 71 ff. für Tatbestand (h) aus Möglichk. (2)

— in BGHZ 22, 347 ff. für Tatbestand (i) aus Möglichk. (3)
und aus Möglichk. (2)
und aus Möglichk. (1).

Die weiteren, nach obigen Auswahlkriterien relevanten, Entscheidungen des BGH aus der amtlichen Sammlung können wir nur stichwortartig darstellen. Es werden nur noch die Ergebnisse angegeben.

— In *BGHZ 22, 167 ff.* und *BGHZ 23, 184 ff.* (beide zu § 1 UWG) hatten sich Maßstäbe durchgesetzt, die auf das positive Recht zurückführbar sind. Die handelnden Personen, deren Wettbewerbsverhalten beanstandet wurde, verstießen gegen die Arzneimittelverordnung[89], also Möglichkeit (3).

— Auch in *BGHZ 23, 365 ff. (§ 1 UWG; „SUWA")* war Möglichkeit (3) der Ansatzpunkt. Der BGH sah den Bestand des Wettbewerbs gefährdet (S. 371). Dieser Gesichtspunkt ist ein rechtlicher, da die Erhaltung des Wettbewerbs in seinem Bestand die Wahrung eines durch das GWB anerkannten Rechtsprinzips darstellt[90].

— In *BGHZ 28, 387 ff. (§ 1 UWG; „Nelkenstecklinge")* ist die Sachlage schwieriger. Es handelt sich um einen Sonderfall der Ausnutzung fremder Leistungen[91], die darin lag, daß der Beklagte dem Kläger die Früchte einer unter Mühen und Kosten erlangten gewerblichen Leistung (hier Züchtung einer neuen Nelkensorte) entzog und dies zielbewußt machte, um die Gütevorstellung des Verkehrs von den eigenartigen und den Verkehrskreisen bekannten Merkmalen zur Empfehlung der eigenen Vermehrungen auszubeuten. Zieht man hierzu die Ausführungen früherer Gerichtsentscheidungen zu dem Komplex der Ausnutzung fremder Leistung zu Rate, dann spricht viel dafür, daß die Rechtsprechung ihren Ausgangspunkt für die Bewältigung dieser Fallgruppe von kollektiven Wertvorstellungen der Gewerbetreibenden, also Möglichkeit (2), nahm. So schreibt z. B. das OLG Dresden im Jahre 1923[92]: „Es ist bisher immer Stolz der deutschen Technik und Industrie gewesen, nur durch eigene Schöpferkraft im offenen, ehrlichen Wettstreit nach dem wirtschaftlichen

---

[89] Dazu vgl. *Schricker*, S. 39 und S. 258.

[90] So *Baumbach / Hefermehl*, UWG, Einl. 91.

[91] *Baumbach / Hefermehl*, UWG § 1, 345 und 412.

[92] In MuW XXIV, S. 47.

Sieg zu streben". Ähnlich das Kammergericht[93]: „Die Ausbeutung fremder Erfahrungen für den eigenen Betrieb hat in der deutschen Industrie seit vielen Jahren als verwerflich gegolten[94]."

— In *BGHZ 34, 169 ff. (§ 138 BGB)* begründete der BGH die Nichtigkeit des Vertrages mit einer Umgehung von Embargo-Bestimmungen, Möglichkeit (3), die verbunden war mit einer Täuschung, Möglichkeit (2).

— Wettbewerbswidrig ist nach *BGHZ 34, 264 ff. (§ 1 UWG; „Einpfennig-Süßwaren")* ein Verkaufssystem, in dem ein Hersteller seinen Einzelhändlern neben der Hauptware (Süßwaren) auch Gebrauchsgegenstände des täglichen Lebens (Textilien, Uhren usw.) zu sehr vorteilhaften Preisen anbietet, auch wenn darin weder eine unerlaubte Zugabe liegt noch der Preis verschleiert wird. Die Unlauterkeit liegt darin, daß die Einzelhändler wegen des attraktiven Vorspannangebots nicht mehr sonderlich auf die Preiswürdigkeit und Qualität der Hauptware achten würden, wie es ihrer Funktion als Zwischenhändler entspricht[95]. Dieses Verfahren verletzt nach BGH den Grundsatz der Sachlichkeit[96], der besagt, daß nur Werbehandlungen vorgenommen werden dürfen, die in sachlichem Zusammenhang mit der geschäftlichen Tätigkeit stehen[97]. Dieser Grundsatz steht in enger Verbindung mit dem Leistungsprinzip, das hinwiederum das Gebot beinhaltet, in erster Linie mit Preis, Güte, Vertriebsart usw. der Hauptware zu werben[98]. Das genannte Leistungsprinzip dürfte seinen Ursprung in dem Gedankengut des Liberalismus haben, der als große geistige Strömung kollektive Wertvorstellungen beinhaltet. Dennoch wollen wir es offenlassen, woher die Rechtsprechung ihre Maßstäbe für die Fälle dieser Art hat, weil die Gedankenkette wegen der Mehrdeutigkeit und Vagheit des Begriffes des Leistungswettbewerbs[99] zu unsicher ist.

— In *BGHZ 37, 30 ff. (§ 1 UWG; „cash and carry")* hat der BGH wieder einmal Möglichkeit (3) in Anspruch genommen. § 16 GWB gab den Ansatzpunkt für die Beurteilung des Verhaltens des Beklagten, der unter Ausnutzung eines fremden Vertragsbruchs einen ungerechtfertigten Wettbewerbsvorsprung erzielte[100]. Der Vorsprung war des-

---

[93] In MuW XXIV, S. 110.

[94] Vgl. auch *Kroitzsch*, S. 16.

[95] Leitsatz Nr. 2 der Entscheidung, abgedruckt in GRUR 61, 588; *Baumbach / Hefermehl*, UWG, § 1, 125.

[96] BGHZ 34, S. 273 unter Hinweis auf *Callmann*, S. 136.

[97] *Callmann*, S. 37, 38.

[98] Vgl. *Baumbach / Hefermehl*, UWG, Einl. 81.

[99] Siehe oben, II. 4. b, Anm. 39.

[100] Zu dieser Fallgruppe näher *Baumbach / Hefermehl*, UWG § 1, 516 ff.

halb ungerechtfertigt, weil § 16 GWB dem Kläger die rechtliche Möglichkeit gab, durch Aufbau eines lückenlosen vertikalen Preisbindungssystems eine gleichförmige Wettbewerbslage herbeizuführen[101].

— *BGHZ 38, 391 ff. (§ 1 UWG; „Industrieböden")*. Der Beklagte war Angestellter des Klägers und hatte dort Einblick in bestimmte Konstruktionspläne. Nach seinem Ausscheiden aus der Firma des Klägers baute er eine Anlage nach diesen Plänen und machte damit dem Kläger Konkurrenz. Anknüpfungspunkte für die Unlauterkeit des Beklagtenverhaltens waren zwei rechtliche [Möglichkeit (3)]: Einmal die Strafvorschrift des § 17 UWG (BGH aaO., S. 393)[102] und zweitens § 90 HGB, der das Verbot enthält, Geschäftsgeheimnisse zu verwerten oder mitzuteilen (BGH aaO., S. 394).

— *BGHZ 43, 360 ff. (1 UWG; „Warnschild")*

Die Aufstellung eines Warnschilds, das „Testkäufern" das Betreten der Geschäftsräume unter Androhung der Strafverfolgung wegen Hausfriedensbruchs verbietet, ist sittenwidrig, weil es

1. entweder eine Täuschung beinhaltet [§ 3 UWG = Möglichkeit (3) und gleichzeitig Möglichkeit (2)], wenn der Kaufmann tatsächlich keine preisgebundenen Waren unter dem Festpreis verkauft, oder
2. er mit der Inaussichtstellung eines Verhaltens wirbt, das gegen ein lückenloses Preisbindungssystem verstößt [§ 16 GWB = Möglichkeit (3)].

— *BGHZ 43, 278 ff. (§ 1 UWG; „Kleenex")*

Der BGH bestätigte, daß bei der Gefährdung oder Aufhebung des Bestands des Wettbewerbs ein Fall des § 1 UWG gegeben ist (wie oben BGHZ 23, 373 ff. „SUWA"). Eine solche Gefährdung war hier aber nicht zu befürchten, da für eine völlig neuartige Ware ein neuer Käufermarkt erschlossen werden sollte. Durch Werbemaßnahmen in einem solchen Fall (hier Verschenken von Originalwaren) kann sogar der Markt auch zugunsten der Mitbewerber aufgeschlossen werden.

— *BGHZ 54, 188 ff. (§ 1 UWG; „Telephonwerbung")*

Der BGH begründete die Unzulässigkeit der Telephonwerbung damit, daß diese Art der Werbung einen Eingriff in die „Privatsphäre" der Umworbenen darstelle. Das Gericht nahm damit einen Rückgriff auf das allgemeine Persönlichkeitsrecht vor, das in der Zivilrechtsdogmatik ein aus den Art. 1 und 2 GG abgeleitetes Rechtsprinzip

---

[101] *Baumbach / Hefermehl*, UWG, § 1, 577 und *Rasor / Schidermair*, S. 85 ff., insb. S. 88 (Zusammenfassung).

[102] Vgl. *Baumbach / Hefermehl*, UWG § 17, 20.

darstellt[103]. Der Eingriff wurde deswegen als gravierend angesehen, weil die überwiegende Mehrheit der möglichen Werbungsadressaten darin eine erhebliche Belästigung sah, die verboten werden müßte. Das Institut für Demoskopie, Allensbach, konnte durch eine Umfrage im Jahre 1968 die Geltung einer diesbezüglichen sozialen Norm feststellen[104], so daß hier wieder einer der seltenen Fälle gegeben war, in dem Möglichkeit (1) den Maßstab für ein BGH-Urteil abgab.

— *BGHZ 56, 18 ff. (§ 1 UWG; „Grabsteinaufträge II")*

Der BGH erklärte unaufgeforderte Vertreterbesuche zur Erlangung von Grabsteinaufträgen nach dem Todesfall uneingeschränkt, d. h. auch nach Ablauf einer Wartefrist, für wettbewerbswidrig. Maßgebend war auch hier der aus dem allgemeinen Persönlichkeitsrecht ableitbare Schutz der Individualsphäre, was hier deshalb besonders ins Gewicht fiel, im Gegensatz zu den sonst zugelassenen Vertreterbesuchen, weil die hier angewendeten Werbemittel nicht mit den Grundsätzen der Pietät in Einklang standen. Die Forderung, die besondere seelische Verfassung der Hinterbliebenen nach einem Todesfall zu achten und diese nicht aus wirtschaftlichem Gewinnstreben in eine Art „moralischen Kaufzwang"[105] zu versetzen, entspricht Verhaltenserwartungen der Bevölkerung, die möglicherweise die Voraussetzungen einer sozialen Norm erfüllen, auf jeden Fall aber von kollektiven Wertvorstellungen getragen sind — Möglichkeit (2).

d) Verschiedenheit der Maßstäbe: Gesamtrechtsordnung, kollektive Wertvorstellungen und soziale Normen

Das Bild, das sich nach der angestellten Untersuchung ergab, ist einigermaßen verwirrend. Es wurde festgestellt, daß der BGH so ziemlich alle in der Rechtswissenschaft vorgeschlagenen Möglichkeiten zur inhaltlichen Bestimmung der Anstandsformel in seiner Entscheidungspraxis berücksichtigt. Das legt den Schluß nahe, die Richter fällten ihre Urteile nach Maßstäben, wie sie ihnen gerade für den jeweiligen Fall zu passen scheinen. Dieser Schluß wäre nicht berechtigt, wenn die verschiedenen Möglichkeiten in Wirklichkeit identische Maßstäbe abgäben oder voneinander ableitbar wären; das wäre dann der Fall, wenn die Normen des positiven Rechts eine Teilklasse der außerrechtlichen Normen bildeten oder umgekehrt. Ein derartiges Ergebnis läßt sich aber nicht erzielen.

---

[103] Vgl. u. a. *Palandt / Thomas*, § 823, 15 B, insbesondere b).

[104] Das Umfrageergebnis ist abgedruckt und kommentiert bei *Teubner*, S. 97.

[105] Vgl. *v. Falck* GRUR 71, 319.

aa) Innerrechtliche — außerrechtliche Maßstäbe

Stellt man die Möglichkeiten (1) und (2), die außerrechtliche Maßstäbe enthalten, den innerrechtlichen Maßstäben des positiven Rechts gegenüber, dann zeigt sich hier besonders deutlich, daß zwischen dem positiven Recht und den außerrechtlichen Ordnungen menschlichen Soziallebens eine ständige Wechselbeziehung und Wechselwirkung besteht[106]. Das bedeutet gleichzeitig, daß nicht davon gesprochen werden kann, das positive Recht sei von außerrechtlichen Normen ableitbar oder umgekehrt, was man zuweilen durch das Bild von zwei konzentrischen Kreisen anschaulich machen wollte, von denen das Recht als kleinerer Kreis im Bereich der Sozialmoral aufgehen soll[107].

Das hat sich bei der Besprechung von BGH-Entscheidungen gezeigt. Nimmt man das Beispiel BGHZ 20, 71 ff. („Mätressen-Testament"), so gab die Rechtsordnung keine eindeutige Antwort auf die Frage, ob das Testament mißbilligenswert sei oder nicht, die außerrechtliche Wertordnung der traditionellen christlichen Sexualmoral enthielt dagegen einen Wertmaßstab, den der BGH zur Abqualifizierung des Testaments benutzen konnte. Wären Möglichkeit (2) und (3) identisch oder voneinander ableitbar, könnte diese Diskrepanz nicht auftreten. Ein weiteres, sogar noch deutlicheres Beispiel war BGHZ 17, 327 ff. Für den umgekehrten Fall, in dem sich ein Maßstab des positiven Rechts (Verstoß gegen die Arzneimittelverordnung) gegen Anschauungen der Mehrheit eines bestimmten Berufsstandes (hier: Drogisten und Apotheker), also gegen einen außerrechtlichen Maßstab, durchsetzte, war BGHZ 22, 167 ff. exemplarisch.

bb) Soziale Normen — kollektive Wertvorstellungen

Aber auch im Bereich der außerrechtlichen Maßstäbe besteht eine intensive Wechselwirkung, die dazu führt, daß zwischen Möglichkeit (1) und (2) ein Unterschied feststellbar ist. Möglichkeit (1) kann Ergebnisse nur liefern, wenn eine Untersuchung auf mehr oder weniger festgefügte soziale Ordnungsgefüge trifft. Das ist aber häufig nicht der Fall, da soziale Normen ständig gesellschaftlich-wirtschaftlichen Veränderungen unterliegen[108]. So entstehen immer neue Situationen, für die sich noch keine sozialen Normen eingespielt haben[109]. Das bedeutet nun nicht, daß im außerrechtlichen Bereich dann nichts vorhanden wäre. Kollek-

---

106 *Henkel*, S. 135 und 147; *Kaufmann*, Recht und Sittlichkeit, S. 9; *König*, S. 44, 45; *Hirsch*, Soziales Ordnungsgefüge, S. 27; *Zippelius*, Wesen, S. 45 ff.

107 Gegen dieses Bild wenden sich ebenfalls *Henkel*, S. 145 und *Kaufmann*, Recht und Sittlichkeit, S. 9: Es besteht ein Verhältnis der Polarität.

108 *Teubner*, S. 99.

109 *Teubner*, S. 99.

tive Wertvorstellungen, Meinungen und Forderungen können vielmehr auch in dem Bereich, in dem keine subsistenten sozialen Normen bestehen, Ausgangspunkte für die Beurteilung von Konflikten bilden[110]. Die Berücksichtigung kollektiver Wertvorstellungen, die einen geringeren Verbindlichkeitsgrad als soziale Normen besitzen[111], haben wir oben mit Möglichkeit (2) bezeichnet. Niemand wird ernsthafte Einwände erheben, wenn hier gesagt wird, daß kollektive Wertvorstellungen zu einer Änderung bestehender sozialer Normen führen oder sie ganz verschwinden lassen können. Daneben kann man aber auch nicht ausschließen, daß soziale Normen sich wegen ihres höheren Verbindlichkeitsgrades gegen allgemeine Wertauffassungen durchsetzen. Beispiele zu letzterem Vorgang lassen sich in der Entscheidungspraxis des BGH schwer finden, da das Gericht selten soziale Normen explizit berücksichtigt. Aus BGH GRUR 55, S. 542, könnte man aber einen Anhaltspunkt für dieses Problem entnehmen. Es wird dort von der Möglichkeit gesprochen, daß die Auffassungen der Allgemeinheit[112] und der Mitbewerber kollidieren können, wobei die Kollision zugunsten der jeweils strengeren Auffassung zu entscheiden sei[113]. Nimmt man einmal an, die Auffassung der Mitbewerber hätte sich in einer gefestigten Standessitte im Sinne einer sozialen Norm niedergeschlagen, während in der Allgemeinheit — ob man darunter die gesamte Bevölkerung oder die Verbraucher verstehen soll, spielt in diesem Beispiel keine Rolle — nur allgemeine Vorstellungen darüber bestehen, ob das Verhalten eines bestimmten Gewerbetreibenden im wirtschaftlichen Wettbewerb anerkennenswert sei oder nicht[114]. Stimmen die jeweiligen Maßstäbe nicht überein, so müßte nach diesem BGH-Zitat die Standessitte, also Möglichkeit (1), die Überhand gewinnen, wenn sie strengere Anforderungen enthält als die Meinung der Allgemeinheit, Möglichkeit (2)[115].

---

[110] *Teubner*, S. 99.

[111] Deshalb kritisiert *Dahrendorf*, S. 47, die Gleichsetzung von Mehrheitsmeinungen mit der Geltung einer sozialen Norm zu Recht.

[112] Was mit „Allgemeinheit" gemeint ist, wird nicht immer deutlich angegeben. *Nastelski*, S. 322, weist mit Recht darauf hin, daß einmal die gesamte Bevölkerung und einmal die Verbraucher angesprochen sein können. Bei Massenartikeln des täglichen Bedarfs fallen beide Gruppen zwar zusammen; weil dies aber nicht immer der Fall ist, sollte man die genannten Gruppen dennoch auseinanderhalten.

[113] Ebenso BGHZ 22, 181, „Arzneifertigwaren"; BGHZ 34, 271, „Ein-Pfennig-Süßwaren"; BGH GRUR 60, 561, „Eintritt in Kundenbestellungen"; *Reimer*, Bd. 2, S. 123.

[114] Daß die Verbraucher oder die Allgemeinheit an die Gewerbetreibenden normativ verbindliche Erwartungen, die die Merkmale einer sozialen Norm erfüllen, stellen, wird wohl nicht sehr oft vorkommen. *Teubner*, S. 96 f., nennt einige Beispiele, wo dies der Fall ist.

[115] Ob der BGH sich selbst konsequent an diese Maxime hält, ist nicht sicher. Die in Anm. 113 genannten Entscheidungen sind nicht aufschlußreich. In BGHZ 22, 167 ff. und 34, 264 ff. waren jeweils die Auffassungen der Allge-

Als — allerdings nicht sehr deutliches — Beispiel könnte man die Rechtsprechung zur vergleichenden Werbung anführen. Die Rechtsprechung hat ursprünglich einen sehr strengen Standpunkt vertreten, der der Auffassung der Mitbewerber weitgehend entsprach[116]. Das RG und ihm anfangs folgend der BGH haben die vergleichende Werbung, abgesehen von einigen engen Ausnahmen, grundsätzlich als unlauter angesehen[117]. Man kann sich gut vorstellen, daß die Allgemeinheit und/oder die Verbraucher weit weniger streng über eine Werbung urteilen, in der ein Kaufmann inhaltlich wahr und in der Form sachlich die Waren seiner Konkurrenten kritisch in Vergleich zu seinen eigenen Erzeugnissen setzt[118].

Der umgekehrte Fall jedoch, in dem Standessitten durch eine Änderung der allgemeinen Wertvorstellungen eine Modifikation erlitten haben, läßt sich am Beispiel der Rechtsprechung zum Praxiskauf oder -tausch von Ärzten oder Rechtsanwälten recht deutlich zeigen. In der Rechtsprechung des Reichsgerichts waren derartige Verträge in der Regel standeswidrig und damit sittenwidrig[119]. Der BGH vertritt nun mit voller Überzeugung die gegenteilige Ansicht, weil sich die wirtschaftlichen Verhältnisse [120] und die Auffassungen[121] geändert hätten.

Aus alledem ergibt sich, daß soziale Normen nicht immer Maßstäbe abgeben, die mit kollektiven Wertvorstellungen übereinstimmen, was sich auch in der Praxis des obersten Zivilgerichts widerspiegelt.

e) Eine Reihenordnung oder Subsidiaritätsverhältnis zwischen den Möglichkeiten besteht in der Rechtsprechung des BGH nicht

Die Berücksichtigung dreier unterschiedlicher Möglichkeiten, die Anstandsformel inhaltlich zu bestimmen, wäre nicht so schlimm, wenn der BGH dabei von einer bestimmten Reihenfolge ausginge. Etwa so:

1. Grundsätzlich kommt es auf bestehende soziale Normen an.

---

meinheit strenger. In BGH GRUR 55, 542, trat keine Diskrepanz auf. Diese Regel wird daher als unbefriedigend bezeichnet. Vgl. *Droste*, Gute Sitten, S. 789; *Meyer-Cording*, Gute Sitten, S. 275; *Rinck*, S. 168 u. 172; *Teubner*, S. 92. *Baumbach / Hefermehl*, UWG, Einl. 66, sind der Meinung, daß nur die strengere Auffassung der Allgemeinheit entscheiden solle.

[116] *Greifelt*, S. 145.

[117] *Baumbach / Hefermehl*, UWG, § 1, 243.

[118] Inzwischen hat der BGH durch Anerkennung weiterer Ausnahmen das grundsätzliche Verbot der vergleichenden Werbung weitgehend ausgehöhlt und damit der Kritik nachgegeben, die eine stärkere Berücksichtigung der Aufklärungsinteressen der Verbraucher gefordert hatte.

[119] Die frühere Rspr. des RG in RGZ 115, 172 ff. wurde sogar noch verschärft in RGZ 153, 280 und 161, 153.

[120] BGHZ 16, 78.

[121] BGHZ 43, 47; und *Esser / Stein*, S. 17.

2. Hat man solche festgestellt, dann hängt die Übernahme dieser Normen davon ab, ob nicht kollektive Wertvorstellungen oder die Gesamtrechtsordnung widersprechende Maßstäbe enthalten.
3. Ist dies der Fall, dann geht der Widerspruch stets zugunsten von kollektiven Wertvorstellungen, wie in den Fällen des Praxiskaufs, oder zugunsten des positiven Rechts, wie z. B. in BGHZ 22, 167 ff. und 23, 186 ff., aus.
4. Lassen sich keine sozialen Normen feststellen, dann sind kollektive Wertvorstellungen zu berücksichtigen, die aber nur dann in das Recht transformiert werden sollen, wenn das positive Recht keine widersprechenden Wertmaßstäbe enthält[122], so daß sich im Kollisionsfalle stets die rechtlichen Gesichtspunkte durchsetzen.

Das ergäbe folgendes Subsidiaritätsverhältnis:

1. Soziale Normen
2. Kollektive Wertvorstellungen
3. Gesamtrechtsordnung.

aa) Subsidiarität sozialer Normen gegenüber kollektiven Wertvorstellungen oder gegenüber der Gesamtrechtsordnung?

Einigermaßen plausibel ließe sich die Meinung vertreten, daß ein solches Subsidiaritätsverhältnis in der Entscheidungspraxis des BGH zwischen der Möglichkeit (1) auf der einen und den Möglichkeiten (2) und (3) auf der anderen Seite besteht. Das oben genannte Gegenbeispiel der Rechtsprechung zur vergleichenden Werbung ist leider nicht sehr deutlich, da ebenso wie in vergleichbaren Fällen nicht genau genug bekannt ist, wie die Allgemeinheit und die Verbraucher tatsächlich über das grundsätzliche Verbot der vergleichenden Werbung urteilen. Ein Fall, wo eine soziale Norm sich gegen ein Rechtsprinzip durchgesetzt hat, ist uns bei der Durchsicht der BGH-Entscheidungen nicht aufgefallen.

Für ein Vorrangverhältnis von Möglichkeit (2) und (3) gegenüber Möglichkeit (1) spricht, daß der BGH immer häufiger die Notwendigkeit der Kontrolle von Standessitten, Wettbewerbsregeln usw. anhand von rechtlichen Maßstäben oder sonstigen allgemeinen Wertvorstellungen betont[123].

---

[122] So ähnlich könnte man die Meinung von *Larenz,* Grundsätzliches, S. 104 ff., unter Einbeziehung kollektiver Wertvorstellungen, die von Larenz nicht ausdrücklich berücksichtigt werden, interpretieren.

[123] So z. B. in BGHZ 22, 167 ff. „Arzneifertigwaren"; BGH GRUR 60, 558 ff. „Eintritt in Kundenbestellung"; BGH GRUR 65, 690, 693 „Facharzt"; *Baumbach / Hefermehl,* UWG, Einleitung 70.

bb) Vorrangverhältnis des positiven Rechts gegenüber kollektiven Wertvorstellungen oder umgekehrt?

Während man noch einigermaßen plausibel ein Subsidiaritätsverhältnis zwischen der Möglichkeit (1) einerseits und Möglichkeit (2) und (3) andererseits herstellen könnte, läßt sich eine solche Meinung nicht mehr vertreten, wenn man Möglichkeit (2) und (3) gegenüberstellt. Niemand kann behaupten, in der BGH-Praxis setze sich im Konfliktsfall zwischen kollektiven Wertvorstellungen und dem positiven Recht stets das positive Recht durch oder umgekehrt.

Ein Beispiel für den Fall, in dem kollektive Wertvorstellungen die Überhand über positive Rechtssätze im Rahmen der Anstandsformel gewannen, stellt die oben besprochene Entscheidung BGHZ 17, 327 ff. zur politischen Denunziation während der Nazi-Zeit dar. Ebenso kann man hierher die Rechtsprechung zur Herausgabe eines erschlichenen, rechtskräftigen Urteils zählen. Für die Fälle der Beseitigung der materiellen Rechtskraft eines Urteils ist die gesetzliche Wertung ziemlich klar. Die materielle Rechtskraft eines Urteils kann nur beseitigt werden, wenn einer der vom Gesetz besonders zugelassenen Ausnahmefälle eingreift (z. B. §§ 578 ff. ZPO)[124]. Trotzdem haben das Reichsgericht[125] und der BGH[126] in ständiger Rechtsprechung über § 826 BGB die Möglichkeit eröffnet, solche Urteile zu beseitigen, auch wenn die Voraussetzungen der Ausnahmevorschriften nicht gegeben sind. Die in § 826 BGB geforderte Sittenwidrigkeit wurde in den Fällen der Urteilserschleichung mit Maßstäben begründet, die nur aus Möglichkeit (2) stammen können, was sich aus Formulierungen wie: „die offenbare Lüge darf nicht den Sieg über die gerechte Sache behalten“[127] u. ä., ersehen läßt.

Als Gegenbeispiel, in dem sich das positive Recht gegen allgemeine Wertvorstellungen durchgesetzt hat, wollen wir die Auseinandersetzung um die Preisbindung für Markenartikel anführen. Die Rechtsprechung[128] zog aus der Entscheidung des Gesetzgebers in § 16 GWB für die Zulässigkeit der vertikalen Preisbindung den Schluß, daß ein vertraglich nicht an das Preisbindungssystem gebundener Händler unlauter handelt, wenn er unter Ausnutzung des Vertragsbruchs eines gebundenen Händlers sich preisgebundene Waren verschafft und durch Unterbieten des Festpreises einen ungerechtfertigten Vorsprung vor den vertrags-

---

[124] Vgl. *Thomas / Putzo*, ZPO, § 322, 9.

[125] RGZ 155, 55; 156, 265; 168, 12.

[126] BGH NJW 51, 759; NJW 63, 1606; NJW 64, 1672; BGHZ 13, 71; 26, 391; 34, 280; 40, 130; 50, 115.

[127] BGHZ 40, 134.

[128] Z. B. BGHZ 37, 30 ff. „cash and carry“; BGH GRUR 59, 497 f. „Cadbury“; GRUR 64, 320, 321 „Maggi“; GRUR 64, 154 ff. „Trockenrasierer II“.

treuen Mitbewerbern zu erlangen sucht[129]. In der Mitte der 60iger Jahre geriet die Preisbindung der zweiten Hand in den Brennpunkt heftiger Kritik des Einzelhandels[130], der Verbraucherverbände[131], der Presse[132] und des Fernsehens[133], die dazu führte, daß der Bundestag sich mit Gesetzentwürfen der damaligen Bundesregierung und der SPD zur Änderung des GWB im Sinne einer Änderung bzw. des Verbots der Preisbindung befassen mußte[134]. Auf diesen Wandel in den Auffassungen über die Ausnutzung von Preisbindungsverstößen durch nicht gebundene Außenseiter berief sich das OLG Frankfurt[135], als es im Jahre 1963 im Gegensatz zur bisher gefestigten Rechtsprechung das Verhalten eines nicht gebundenen Händlers für nicht sittenwidrig erklärte. Diesen Strömungen, die man als kollektive Wertvorstellungen bezeichnen kann, hat der BGH jedoch nicht nachgegeben. In BGH GRUR 64, 322 („Maggi") führt er z. B. aus: „Solange und soweit Preisbindungsverträge nicht durch Gesetz verboten sind, ist ihnen auch in wettbewerbsrechtlicher Hinsicht in demselben Umfange Schutz zu gewähren, in dem dies bei Verträgen anderen Inhalts geschieht[136]."

Damit hat der BGH klar dem gesetzlichen Gesichtspunkt des § 16 GWB den Vorzug vor den Vorstellungen großer Teile der Bevölkerung, die durch wichtige gesellschaftliche Verbände und Gruppen artikuliert wurden, eingeräumt.

f) Mehrdeutigkeit, Vagheit und Lückenhaftigkeit der jeweiligen Maßstäbe

Das bisherige Ergebnis war: Der BGH gewinnt seine Maßstäbe aus den Möglichkeiten (1) bis (3), die zwar oft identische Maßstäbe abgeben, aber auch oft verschieden sind. Er ist eher geneigt, Maßstäbe aus Möglichkeit (1) zugunsten der anderen Möglichkeiten zurücktreten zu lassen. Zwischen den Möglichkeiten (2) und (3) gibt es aber kein von vornherein bestimmtes Vorrangverhältnis.

---

[129] *Baumbach / Hefermehl,* UWG § 1, 577.

[130] Vgl. *Plassmann,* Außenseiter, S. 273, Fn. 2.

[131] *Plassmann,* Bündnisverträge, S. 673, Fn. 16, wo eine Äußerung des Vorsitzenden der Arbeitsgemeinschaft der Verbraucherverbände abgedruckt ist.

[132] *Plassmann,* Außenseiter, S. 273, Fn. 2 mit Zitaten aus der Presse.

[133] Vgl. MA 64, 51, wo eine diesbezügliche Fernsehsendung kritisiert wird.

[134] Vgl. den Bericht in MA 64, 907. Entwurf der Bundesregierung: Bundestagsdrucksache IV, 2564, 1964; Entwurf der SPD: Bundestagsdrucksache IV 2337, 1964. Beide Entwürfe fanden jedoch keine Mehrheit. *Bollack / Gaedertz,* S. 73.

[135] OLG Frankfurt, JZ 63, 555 ff. „Remington" mit ausführlichen Hinweisen auf die Rechtspraxis in den westlichen Industrieländern. Vgl. auch OLG Frankfurt, NJW 63, 1155, 1156; NJW 63, 2127.

[136] Vgl. auch BGH GRUR 64, 154 ff. „Trockenrasierer II" und BGH GRUR 64, 629 „Grauer Markt".

Das wäre immer noch nicht besonders tragisch, wenn die drei Möglichkeiten einigermaßen eindeutige und leicht zu ermittelnde Maßstäbe hergäben, so daß der BGH im Fall, daß sie sich unterscheiden, schlechtestenfalls nur zwischen drei Alternativen zu wählen hätte. Aber dies ist nicht der Fall.

aa) Der Inhalt sozialer Normen

Betrachtet man Möglichkeit (1), so zeigt die Arbeit *Teubners*, daß eine Deutung der Anstandsformel als Verweis auf soziale Normen nur für einen bestimmten Kernbereich[137], den er mit den Fallgruppen, Standes- und Branchensitten der Wirtschaft[138], Wettbewerbsregeln nach § 28 ff. GWB[139], Sittenkodices der freien Berufe[140] und Fälle der Alltagsmoral[141], umreißt, sinnvoll ist. Sie zeigt aber auch weiter, daß bei einer empirischen Erforschung sozialer Normen in diesem Kernbereich nicht immer nur *ein* Maßstab ermittelt werden kann. Ist das Wettbewerbsverhalten eines Kaufmanns zu beurteilen, dann können von den Bezugsgruppen der Konkurrenten, Verbraucher, Marktgegner und der Allgemeinheit verschiedene normative Anforderungen gestellt werden, die alle die Voraussetzungen für die Geltung einer sozialen Norm erfüllen. Zwar ist zu erwarten, daß sich in vielen Fällen faktische Normenkompromisse eingespielt haben[142], und Erwartungen der Allgemeinheit und der Verbraucher, sofern es sich nicht um Fälle der „Alltagsmoral" handelt, in der Regel nur Wünsche und Meinungen darstellen[143], die für Möglichkeit (1) außer Betracht bleiben müssen[144]. Die Möglichkeit solcher Divergenzen besteht und spielt in der juristischen Diskussion bei der Streitfrage um den maßgeblichen Personenkreis[145] eine Rolle. Offenbar läßt sich diese Streitfrage von vornherein, ohne mit einem bestimmten Fall konfrontiert zu sein, nicht lösen.

Aber auch wenn man nur eine Bezugsgruppe untersucht, ist nicht immer mit eindeutigen Antworten zu rechnen. Eine Schwierigkeit liegt nämlich darin, daß soziale Normen verschiedene Geltungsintensitäten besitzen können. Das Problem lautet dann: Welchen Grad sozialer Geltung muß eine soziale Norm haben, damit man sie in das Recht rezipie-

---

[137] *Teubner*, S. 61.

[138] *Teubner*, S. 92 f.

[139] *Teubner*, S. 94.

[140] *Teubner*, S. 95.

[141] *Teubner*, S. 96 ff.

[142] *Teubner*, S. 87.

[143] S. o. II. 4. d, bb, Fn. 114.

[144] *Teubner*, S. 87.

[145] *Baumbach / Hefermehl*, UWG, Einl. 63—66; *Fikentscher*, S. 111 f. m.w.N.; *Ulmer / Reimer*, Bd. III N. 55 ff.

ren kann?[146] Ein gutes Beispiel für diese Schwierigkeit bietet BGH GRUR 60, 560 („Eintritt in Kundenbestellungen"). Nach der dort verwerteten Umfrage der örtlichen Handelskammer hielten 33 % der befragten Konkurrenten das Verhalten des beklagten Autohändlers für zulässig, 33 % für unlauter, und 33 % gaben keine klare Antwort. Die Maxime, die Teubner[147] zur Lösung dieses Problems angibt, nämlich, daß der Richter umso eher an eine festgestellte Sozialnorm gebunden sei, je höher der Geltungsgrad einer solchen Norm ist, zeigt deutlich, daß auch in dem Bereich, wo Möglichkeit (1) zur Konkretisierung der Anstandsformel sinnvolle Ergebnisse liefern kann, mit vagen und mehrdeutigen Maßstäben zu rechnen ist.

bb) Kollektive Wertvorstellungen

Bei näherer Betrachtung von Möglichkeit (2) ergibt sich ein noch verwirrenderes Bild. Zwar gibt es zweifellos übereinstimmende Wertvorstellungen, die auch anerkannt sind[148], es ist aber genauso offenbar, daß in unserer Kulturepoche ein Pluralismus verschiedener um allgemeine Anerkennung ringender Wertauffassungen festzustellen ist[149]. *Weinkauff* hat der Schwierigkeit, die der Richter zu überwinden hat, mit den Worten Ausdruck verliehen: „Der Richter findet das allgemeine Wertchaos und die allgemeine Wertanarchie in der eigenen Brust wieder"[150]. Welche der Auffassungen, Meinungen und Forderungen, die von den politischen Parteien, Gewerkschaften, Wirtschaftsverbänden, in der Presse oder den Kirchen geäußert und zur Diskussion gestellt werden, von dem Richter zu berücksichtigen sind, läßt sich ebenfalls von vornherein nicht beantworten. Als augenfälliges Beispiel, wie sich der Meinungswettstreit in der Rechtsprechung bei der Ausfüllung der Anstandsformel wiederspiegelt, mag die oben geschilderte Auseinandersetzung um die Preisbindung für Markenartikel gelten.

cc) Die Maßstäbe des positiven Rechts

Wenden wir uns nun Möglichkeit (3) zu. Wenn gesagt wird, die Anstandsformel verweise auf die Gesamtrechtsordnung, dann können damit nicht die jeweiligen gesetzlich fixierten Tatbestände des BGB gemeint sein; unterfällt nämlich ein Sachverhalt einem derartigen Tatbestand, dann ergibt sich die Lösung des Falles aus der dazugehörigen Rechtsfolge. Eine Generalklausel ist daneben unnötig.

---

146 *Teubner*, S. 91.

147 *Teubner*, S. 91.

148 *Schricker*, S. 215; *Wieacker*, Recht und Sittlichkeit, S. 245.

149 *Esser / Stein*, S. 11 ff.; *Henkel*, S. 128 ff.; *Teubner*, S. 14; *Wieacker*, Recht und Sittlichkeit, S. 249 f.

150 *Weinkauff*, Richtertum, S. 22.

Nach *Simitis*[151] sind es daher die den einzelnen Rechtsinstituten, wie Privateigentum, Ehe, Vertrag, Testament usw., zugrundeliegenden und Sinn gebenden Prinzipien der Rechtsordnung, die mit dem Verweis auf das positive Recht gemeint sind. Man verrät kein Geheimnis, wenn man behauptet, daß diese Rechtsprinzipien teilweise recht ungenaue und sehr oft mehrere Deutungen und Alternativen zulassende Maximen sind. Zur Erläuterung wollen wir auf die oben besprochene Entscheidung BGHZ 19, 13 ff. zurückgreifen. Wir haben dort u. a. in dem Prinzip der Vertragsfreiheit einen starken Anhaltspunkt für die Mißbilligung der „Knebelungsverträge" erkannt. Klar ist, daß ein Vertrag, bei dem einem der Vertragspartner infolge der wirtschaftlichen Überlegenheit und des Drucks des anderen Partners weder die Möglichkeit bleibt, den Vertrag inhaltlich zu gestalten, noch darüber zu entscheiden, ob er ihn überhaupt abschließen wolle, mit dem Prinzip der Vertragsfreiheit nicht vereinbar ist. Der unterlegene Partner hat dann, wenigstens faktisch, die Rechte nicht, die ihm das Prinzip sichern will[152]. Andererseits beinhaltet das Prinzip der Vertragsfreiheit aber auch das Recht, sich durch einen Vertrag zu binden, d. h. sich in seiner wirtschaftlichen Bewegungsfreiheit einzuschränken. Nur darf die vertragliche Bindung keine übermäßige sein. In der Frage, wann eine vertragliche Bindung übermäßig ist, liegen die Probleme; denn in der Regel bleibt auch bei den als „Knebelungsverträgen" mißbilligten Verträgen dem unterlegenen Partner noch ein Teil seiner wirtschaftlichen Bewegungsfreiheit erhalten. Wann nun aber die Grenze zwischen erlaubter und übermäßiger Vertragsbindung überschritten ist, dazu sagt das Prinzip der Vertragsfreiheit recht wenig; man wird daher zur Lösung der angesprochenen Probleme zusätzliche Kriterien finden müssen[153].

Es ist außerdem nicht so, daß für jedes Problem immer nur *ein* bestimmtes Rechtsprinzip in Frage kommt. Meistens geraten vielmehr eine ganze Reihe von rechtlichen Gesichtspunkten ins Blickfeld. Das gibt auch *Simitis* zu: „Vielfach werden die bei der Anwendung des § 138 I BGB zu berücksichtigenden Grundsätze entgegengesetzte Lösungen bedingen[154]". Er räumt weiter ein, daß zwischen den Rechtsprinzipien keine feste hierarchische Rangordnung besteht, und ist der Meinung, daß die Rangordnung zwischen den allgemeinen Rechtsgrundsätzen je

[151] *Simitis*, S. 170 ff. (172—174).

[152] Vgl. *Flume*, S. 12.

[153] Wir haben daher oben bei der Zurückführung der Rechtsprechung zu den Knebelungsverträgen auf das Prinzip der Vertragsfreiheit die Problematik etwas vereinfacht, was sich aber dadurch rechtfertigt, daß sonst die Besprechung der BGH-Entscheidungen praktisch keinerlei Ergebnisse gebracht hätte.

[154] *Simitis*, S. 188.

nach Problemzusammenhang verschieden ist[155]. Jeder, der mit der juristischen Praxis vertraut ist, wird dem zustimmen können. Der Verweis auf die Gesamtrechtsordnung bedeutet demnach für die Anwendung der Anstandsformel einen Verweis auf mehr oder weniger eindeutige Prinzipien, die sich (teilweise) widersprechen und/oder mehrere Alternativen offenlassen. Es bedarf daher in den meisten Fällen erst der Auswahl und der Konkretisierung dieser Prinzipien oder der Bestimmung ihres Verhältnisses zueinander.

Eben dies konnte auch für die aus Möglichkeit (1) und (2) zu gewinnenden Maßstäbe gesagt werden.

5. Die Anstandsformel als Leerformel

Wenn das bisherige Ergebnis war, daß der BGH zur Bestimmung der Anstandsformel drei Möglichkeiten verwendet, die jeweils mehrere Maßstäbe enthalten, ohne daß ein bestimmtes Vorrangverhältnis besteht, dann ist der Schluß berechtigt, daß die Anwendungsregeln für die Anstandsformel in der Rechtspraxis des BGH nicht feststehen; denn jeder verschiedene Maßstab stellt einen unterschiedlichen Vorschlag zur Einführung eines anderen Sprachgebrauchs für die Anstandsformel dar. Nimmt sich nun die Rechtsprechung das Recht heraus, was die bisherigen Untersuchungen ziemlich klar erbracht haben, unter den für einen bestimmten Problemkreis sich anbietenden Maßstäben einen auszuwählen, dann wird für diesen Problemkreis ein juristisch verbindlicher Sprachgebrauch für die Anstandsformel erst begründet, wenn das Gericht seine Wahl getroffen hat. Im Falle der Auseinandersetzung um die Preisbindung für Markenwaren hätte der BGH auch den vom OLG Frankfurt JZ 63, 555 ff. („Remington") vorgeschlagenen Sprachgebrauch, die Anstandsformel nicht auf Außenseiter, die den Vertragsbruch gebundener Händler ausnützen, anzuwenden, übernehmen können, ohne daß man dem BGH den Vorwurf hätte machen können, er habe die Anstandsformel falsch angewandt. In diesem Falle gab der BGH dem durch die bisherige höchstrichterliche Rechtsprechung eingeführten Sprachgebrauch den Vorzug. Letzteres ist symptomatisch. Fast immer bestehen die konkreten Begründungen des BGH im Rahmen der Anstandsformel in einer Auseinandersetzung mit der bisherigen Rechtsprechung.

Man könnte daher sagen: Die Anstandsformel ist auf Sachverhalte anwendbar, auf die die höchstrichterliche Rechtsprechung sie für anwendbar erklärt hat. Aber auch das führt zu Widersprüchen. Einmal besteht nicht immer schon eine bestimmte Rechtsprechung und zum

---

155 *Simitis*, S. 188; ebenso *Esser / Stein*, S. 9, für die verfassungsmäßig geschützten Werte.

anderen wird des öfteren eine bisherige Rechtsprechung revidiert, wofür die Frage um die Sittenwidrigkeit eines Praxiskaufs oder -tausches bei Ärzten und Rechtsanwälten ein gutes Beispiel bildet. Damit ist folgende Interpretation der Anstandsformel unausweichlich:

Unsittlich ist ein menschliches Verhalten oder ein Rechtsgeschäft dann, wenn es gegen das Anstandsgefühl der entscheidenden Richter, insbesondere der des BGH, verstößt, was zweifelsfrei erst nach der jeweiligen Urteilsveröffentlichung festgestellt werden kann.

Es ist somit genau das Ergebnis erzielt worden, was am Anfang dieses Abschnitts angedeutet wurde[1]. Die Anstandsformel ist eine Leerformel, weil es auf die Auffassung der Gerichte ankommt, auf welche Sachverhalte oder Gegenstände sie Anwendung finden soll. Erweckt ein Gericht in seiner Begründung den Eindruck, als habe es seine Entscheidung durch Subsumtion des Sachverhalts unter die Anstandsformel deduktiv aus dem Gesetz begründet, dann handelt es sich um eine Scheindeduktion[2]. In BGHZ 10, 228 ff. z. B. ist eine Ableitung der Tatbestände (a) bis (d) nur dann möglich, wenn man schon vorher der Meinung war, die darin ausgedrückten Maßstäbe müßten Teilklassen sittenwidrigen Verhaltens sein. Darin zeigt sich die Zirkelhaftigkeit des praktischen Argumentierens mit der Anstandsformel, die für den Umgang mit Leerformeln so typisch ist[3]. Es nimmt auch nicht wunder, daß sich die konträrsten Theorien mit Hilfe der Anstandsformel legitimieren wollen. *Teubner* gibt eine eindrucksvolle Übersicht über derartige Legitimationsversuche[4]: „Der BGH kann mit ihr die naturrechtlichen Vorstellungen von der sittlichen Ordnung[5], dem Recht höherer Ordnung[6] rechtfertigen"; *Coing*[7] und *Meyer-Cording*[8] gründen auf sie ihre Ableitungen aus der materialen Wertethik. *Wieacker* nimmt für seine Lehre von der elementaren Sittlichkeit die Formel in Anspruch[9]. Ähnlich *Larenz*[10] und *Henkel*[11] für die Sozialmoral. *Rheinfels*[12] und *Schramm*[13] gar begründen damit die Eignung der guten Sitten für die Umfrageforschung usw.

---

1 S. o. S. 28 mit Hinweis auf *Schreiber*, S. 85.

2 Das kritisiert *Arzt*, S. 104 ff. daher an der Rechtsprechung völlig zu Recht.

3 *Topitsch*, Sprachlogische Probleme, S. 24 ff.; *ders.*, Leerformeln, S. 233 ff.

4 *Teubner*, S. 21.

5 BGHZ 20, 71, 75.

6 BGHZ, 17, 327, 332.

7 *Staudinger / Coing*, § 138, 4.

8 *Meyer-Cording*, Gute Sitten, S. 273.

9 *Wieacker*, Recht und Sittlichkeit, S. 244 ff., 251.

10 *Larenz*, Grundsätzliches, S. 104 ff.

11 *Henkel*, S. 147 f.

12 *Rheinfels*, S. 785, 788.

13 *Noelle-Neumann / Schramm*, S. 11, 34; *Droste*, Umfrage, S. 323, 330.

Die Antwort auf die Ausgangsfrage, ob in der Rechtsprechung des BGH die Anstandsformel als Prämisse zu einer korrekten, deduktiven Begründung dient, besteht somit in einem glatten Nein.

6. Ist eine Kritik an der BGH-Rechtsprechung zur Anstandsformel vom Standpunkt des historischen Gesetzgebers aus gerechtfertigt?

Obwohl schon bald nach dem Erlaß des BGB und des UWG der Streit um die Auslegung der Gute-Sitten-Klauseln entbrannte[1] — ein Streit, der wohl in erster Linie auf terminologische Unklarheiten zurückzuführen ist[2] oder wenigstens nur auf graduellen Unterscheidungen beruht[3] —, ist man sich heute ziemlich einig, was der historische Gesetzgeber mit den Gute-Sitten-Klauseln im Sinne gehabt hat. Die guten Sitten sollten weder absolute Sittlichkeit im Sinne einer autonomen Ethik oder einer religiösen oder profanen Hochethik[4] noch öffentliche Ordnung[5] bedeuten, sofern unter öffentlicher Ordnung eine vom Staat bestimmte öffentliche Ordnung zu verstehen ist[6]. Gemeint war vielmehr die in Deutschland zur Zeit anerkannte und geübte Rechtsmoral[7]. Der Gesetzgeber verwies damit auf soziale Normen, die sich allgemeiner gesellschaftlicher Anerkennung erfreuten[8]. Als Konkretisierungsmöglichkeit sollten innerrechtliche Maßstäbe („ordre public") weitgehend ausscheiden. Verständlich wird diese Konzeption, wenn man die gesellschaftliche Situation betrachtet, in der sich der historische Gesetzgeber des BGB und des UWG befand. Im Zeitpunkt der Jahrhundertwende war die liberale Staats- und Gesellschaftsauffassung vorherrschend, deren Grundsätze in das BGB und das UWG eingingen[9]. Privatautonomie als Vertragsfreiheit, als Eigentumsfreiheit, als Handelsfreiheit war eine Hauptforderung des liberalen Programms, das von der Befreiung der sittlichen, politischen und wirtschaftlichen Kräfte des Individuums eine Steigerung des Wohlstandes des gesamten Volkes erwartete[10]. Das liberale Sozialmodell enthielt das Gebot an den Staat, sich aus diesem

---

[1] Nachweise und Diskussion bei *Alfons Kraft*, S. 102 ff. und *Simitis*, S. 3 ff.

[2] *Simitis*, S. 6, besonders Fn. 26.

[3] *Teubner*, S. 54.

[4] *Simitis*, S. 4 und 17; *Teubner*, S. 53.

[5] Protokolle in *Mugdan*, Materialien, Bd. I S. 725.

[6] *Teubner*, S. 53.

[7] *Simitis*, S. 4, 7 u. 9; *Teubner*, S. 53, 54; *Meyer-Cording*, Gute Sitten, S. 273: „Die in der Sitte vorgefundene und überlieferte, allgemein im Volk lebende Sittlichkeit". Ähnlich *Staudinger / Coing*, § 138, 3.

[8] In unserer Terminologie: Weitgehender Zusammenfall von Möglichkeit (1) und (2).

[9] *Simitis*, S. 8; *Wieacker*, Sozialmodell, S. 16.

[10] *Ludwig Raiser*, Vertragsfreiheit, S. 2.

Spiel der wirtschaftlichen Kräfte möglichst herauszuhalten[11]. Dabei sollte nicht nur die inhaltliche Erfüllung dieser Freiheiten staatsfrei bleiben, sondern auch die Festlegung der Grenzen von Vertrags- und Gewerbefreiheit[12]. Die Privatautonomie sollte allein durch die in der Gesellschaft gültigen Moralnormen ihre Begrenzung finden, die durch Rezeption über die Gute-Sitten-Klauseln ihre rechtliche Sanktionierung fanden[13].

Betrachtet man die Entscheidungspraxis des BGH zur Anstandsformel aus der Sicht des historischen Gesetzgebers, dann könnte man den BGH kritisieren, er achte die Anweisungen des Gesetzgebers nicht mehr, weil er nämlich, wie gezeigt werden konnte, in hohem Maße Maßstäbe benutzt, die dem positiven Recht entnommen wurden[14], daß er sich nicht mehr damit begnügt, außerrechtliche Sozialnormen zur Begrenzung von Vertrags-, Verkehrs- und Gewerbefreiheit zu rezipieren, sondern die Anstandsformel immer mehr als Mittel dazu verwendet, regelnd in den wirtschaftlichen und gesellschaftlichen Ablauf einzugreifen[15].

Eine solche Kritik wäre aber verfehlt, weil sie die geschichtliche Entwicklung im 20. Jahrhundert außer Acht ließe. Man könnte annehmen, daß zur Zeit der Beratungen des BGB und des UWG eine homogene Gesellschaftsmoral existierte, die vom besitzenden Bürgertum, nachdem es sich im 19. Jahrhundert politisch durchgesetzt hatte, nachhaltig geprägt war[16]. Mit der Annahme der Existenz einer einheitlichen Gesellschaftmoral, die soziale Normen mit kollektiver Anerkennung enthielt und die sich auch weitgehend in den Prinzipien der bürgerlichen Rechtsordnung niederschlug[17], kann man die Tatsache erklären, daß bei den Beratungen zum BGB der Begriff der guten Sitten für ziemlich eindeutig und hinreichend erkennbar für den deutschen Richterstand gehalten wurde[18]. Damit könnte auch erklärbar sein, daß § 138 I BGB anfangs keine besondere Bedeutung erlangte[19]; denn wenn die herrschende Gesellschaftsmoral Eingang in die Gesetze der bürgerlichen Rechtsordnung fand, kann man sich vorstellen, daß die meisten Konfliktsfälle mit den Tatbeständen der Gesetze gelöst werden konnten. Einer Generalklausel bedurfte es daher nur in Ausnahmefällen[20]. Die

---

11 *Ludwig Raiser*, Vertragsfreiheit, S. 2.

12 *Teubner*, S. 52.

13 *Teubner*, S. 52.

14 Was die Kritik *Meyer-Cordings*, Gute Sitten, S. 276 f. herausforderte, der die Rückkehr zum ethischen Standard verlangte.

15 *Teubner*, S. 57.

16 *Wieacker*, Sozialmodell, S. 10; *Arzt*, S. 6; *Droste*, Recht, Moral, Sitte, S. 67.

17 *Simitis*, S. 8; *Schricker*, S. 216; *Wieacker*, Sozialmodell, S. 16.

18 *Mugdan*, Materialien, Bd. I S. 469 und S. 1012, 1017.

19 *Simitis*, S. 9.

20 *Simitis*, S. 9.

im 20. Jahrhundert stattfindende Umschichtung der bürgerlichen Gesellschaft zur industriellen Massengesellschaft[21] führte jedoch zu einem Auseinanderbrechen der relativ einheitlichen Gesellschaftsmoral[22]. Anstelle eines gesicherten Moralkodex steht dem Richter heutzutage ein Nebeneinander und Gegeneinander von sozialen Normen und kollektiven Wertvorstellungen gegenüber. Parallel zur Auflösung der Maßstäbe der bürgerlichen Rechtsmoral trat ein Funktionswandel der Generalklauseln ein[23]; aus Verweisungen auf Normen der Gesellschaft wurden die Gute-Sitten-Klauseln tendenziell zu Interventionsnormen der Gerichte, also des Staates[24]. Die Veränderung, die die Gute-Sitten-Klauseln durchgemacht haben, läßt sich nach *Teubner* auf die Kurzformel bringen: „Der Standard der guten Sitten wandelt sich zur Direktive der guten Ordnung"[25], wobei die Rechtsprechung auch genuin gesetzgeberische Aufgaben übernimmt[26]. Daher ist es nicht verwunderlich, daß der BGH seine Argumentation häufig in enger Anlehnung an gesetzliche Vorschriften und Rechtsprinzipien führt. Dieser Prozeß ist irreversibel[27]. Da es eine einheitliche Gesellschaftmoral, auf die der Gesetzgeber des BGB und UWG offensichtlich verweisen wollte, nicht mehr gibt, ist es unrealistisch, den BGH zu kritisieren, er halte sich nicht an die gesetzgeberische Anweisung.

Es ist auch nicht vernünftig, die Rechtsprechung auf eine der Möglichkeiten, etwa auf die Maßstäbe des positiven Rechts — Möglichkeit (3) — beschränken zu wollen; denn in einem Kernbereich hat die Anstandsformel ihren Verweisungscharakter auf soziale Normen nicht verloren, wie die Entscheidungen BGHZ 22, 347 ff. und deutlich BGHZ 54, 188 ff. („Telephonwerbung") beweisen. Das positive Recht enthält, ebenso wie jede andere der diskutierten Möglichkeiten, nicht immer die Maßstäbe, mit deren Hilfe das jeweils anstehende Problem befriedigend gelöst werden kann. Ein Fall, in dem Möglichkeit (3) zu einem nicht haltbaren Ergebnis geführt hätte, so daß der BGH auf außerrechtliche Gesichtspunkte zurückgreifen mußte, war BGHZ 17, 327 ff.[28].

---

[21] *Simitis*, S. 10; *Schricker*, S. 217; *Teubner*, S. 56, 57; *Ludwig Raiser*, Vertragsfreiheit, S. 3; *Wieacker*, Privatrechtsgeschichte, S. 546 ff., *ders.*, Sozialmodell, S. 17 ff.

[22] *Droste*, Recht, Moral, Sitte, S. 67, 68.

[23] Diesen Funktionswandel und deren Gründe beschreibt anschaulich *Teubner*, S. 56 ff.

[24] *Teubner*, S. 57; *Wieacker*, Privatrechtsgeschichte, S. 518, 521, 527, 541.

[25] *Teubner*, S. 116 und 58, 59.

[26] *Alfons Kraft*, S. 39 ff., *Wieacker*, Privatrechtsgeschichte, S. 542.

[27] *Teubner*, S. 58.

[28] Kritik an den zur Anstandsformel entwickelten Einheitstheorien, die deren gesamten Anwendungsbereich zu umgreifen suchen, üben ebenfalls *Schricker*, S. 211; *Teubner*, S. 50 ff. Ähnlich *Larenz*, Grundsätzliches, S. 104 ff. und 109 ff.

Realistischer als eine solche Kritik erscheint es daher, sich um eine Präzisierung und Rechtfertigung der als Anwendungsfälle der Gute-Sitten-Klauseln erarbeiteten Fallgruppen zu bemühen.

Gerade die Möglichkeit ihrer Rechtfertigung stellt hier das zentrale Problem dar, nachdem gezeigt werden konnte, daß eine Begründung aus dem Gesetz wegen der Leerformelhaftigkeit der Anstandsformel nicht möglich ist.

Wie nun der BGH die Wahl unter den sich anbietenden Maßstäben trifft, die zu tragenden Begründungssätzen werden, wie wir sie in den Tatbeständen (a) bis (i) zu formulieren versuchten, und rechtfertigt, bzw. wie er sie rechtfertigen sollte, wenn eine Begründung aus dem Gesetz nicht möglich ist, wird im folgenden Teil der Arbeit behandelt.

III. Auswahl und Begründbarkeit des jeweils berücksichtigten Maßstabs

Zur besseren Erläuterung der in diesem Teil anstehenden Probleme soll hier von der — etwas idealisierten — Situation der Richter eines BGH-Senates ausgegangen werden, die über ein bestimmtes Wettbewerbsverhalten eines Kaufmanns im Rahmen des § 1 UWG zu befinden haben. Wie oben gezeigt wurde, sind die Richter durch die Anstandsformel von vornherein nicht auf einen bestimmten Beurteilungsmaßstab festgelegt, da die Möglichkeiten (1) bis (3) eine ganze Reihe von Alternativen anbieten können. Es wird angenommen, hier seien fünf solcher Alternativen gegeben, die ihren Niederschlag finden in den Rechtsansichten beider Parteien, in einer Standessitte des betreffenden Gewerbezweigs, die im Berufungsverfahren von der zuständigen Industrie- und Handelskammer ermittelt wurde, in einer Entscheidung eines Oberlandesgerichts zu einem ähnlichen Fall und schließlich in einer Kommentarmeinung. Diese fünf Lösungsmöglichkeiten sollen sich alle, wenn auch nur in Nuancen, unterscheiden. Bei der Anwendung dreier von ihnen würde das Wettbewerbsverhalten des Kaufmanns als sittenwidrig bewertet werden, die übrigen zwei Maßstäbe sprechen sich für die Zulässigkeit der betreffenden Wettbewerbsmaßnahme aus. Da den Richtern darüber hinaus nichts Neues einfällt, müssen sie einen dieser Maßstäbe wählen, um damit ihre Entscheidung begründen zu können.

Die Frage lautet nun: Wie treffen die Richter ihre Wahl, bzw. wie sollen sie ihre Wahl treffen und wie läßt sich die Wahl hinwiederum begründen?

1. Willkürliche Auswahl

Die erforderliche Wahl könnte willkürlich erfolgen. Das wäre der Fall, wenn die Richter das Los entscheiden ließen oder an den Knöpfen abzählten. Nicht willkürlich ist die Wahl dagegen dann, wenn sich die Richter etwa von folgenden Erwägungen leiten ließen, der gewählte Gesichtspunkt bringe die gerechtesten Ergebnisse, er entspreche den Absichten des Gesetzgebers, füge sich am besten dem System des Privatrechts ein, habe keine unerwünschten wirtschaftspolitischen Auswirkungen usw. Derartige Erwägungen schließen Willkürlichkeit aus, weil mit ihnen die fünf Maßstäbe einer Kritik unterzogen werden, mögen die Erwägungen auch im Einzelfall nicht zutreffend sein.

Abgesehen davon, daß die willkürliche Einführung von Sätzen in eine Wissenschaft wissenschaftstheoretisch verpönt ist, bedarf es keiner besonderen Ausführungen, daß die BGH-Richter ihre Entscheidungen nicht willkürlich fällen. Im Gegenteil wird die Wahl eines Maßstabs in vielen Fällen *ziemlich unwillkürlich* ausfallen, weil sich die entscheidenden Kriterien geradezu aufdrängen. Bei fast jeder Entscheidung des BGH sieht man die Bemühungen des Gerichts, seine Entscheidungen an Kriterien der oben aufgezählten Art auszurichten. Auch BGH-Richter können ihre wirtschaftspolitischen Ansichten, ihre Überzeugungen hinsichtlich der Gerechtigkeit von Ergebnissen und so weiter nicht beliebig und willkürlich ändern, wenn sie ehrlich sind.

2. Logische (deduktive) Begründung, unendlicher Regreß

Die Gegenposition zur willkürlichen Einführung von Sätzen in eine Wissenschaft ist diejenige, die fordert, man müsse diese Sätze begründen[1]. Versteht man unter „Begründen" die logische Zurückführung der zu begründenden Sätze auf andere[2], dann dürfen die BGH-Richter von den fünf Maßstäben nur einen wählen, für den sich ein Satz finden läßt, aus dem der Maßstab ableitbar ist. Im ersten Teil der Arbeit sind wir davon ausgegangen, daß die Obersätze, die die Wahl eines bestimmten Maßstabes rechtfertigen können, die Rechtssätze der §§ 138, 826 BGB und 1 UWG sein müßten. Wir haben aber weiter gesehen, daß diese Paragraphen als Obersätze einer korrekten deduktiven Begründung nicht in Frage kommen, weil sie eine Leerformel enthalten. Wenn aber nicht die genannten Paragraphen als Obersätze in Frage kommen, welche Sätze dann? Diese Frage ist rein logisch nicht zu beantworten.

Der BGH führte z. B. in BGHZ 15, 346 ff. den Tatbestand (e) auf den Wahrheitsgrundsatz des Wettbewerbs, in BGHZ 19, 13 ff. den Tatbestand (g) auf die Prinzipien der Vertrags- und Gewerbefreiheit zurück, in BGHZ 20, 71 ff. war es das traditionelle christliche Verbot des außerehelichen Geschlechtsverkehrs, aus dem Tatbestand (h) ableitbar war usw. Warum gerade diese Prinzipien zur Rechtfertigung der genannten Tatbestände genommen wurden, darauf geben die Regeln der deduktiven Logik keine Antwort, weil ja sofort die Frage nach der Begründung dieser Grundsätze auftaucht, für die dann weitere Obersätze gefunden werden müßten. Wie kleine Kinder sich ein Spiel daraus

---

[1] Vgl. *Klug*, S. 9 ff., der die Ansicht nachdrücklich zurückweist, Rechtsfindung sei ohne Zuhilfenahme der Logik möglich. Diese Auffassung von Klug ist deutlich wiedergegeben bei *Engisch*, Aufgabe einer Logik, S. 86.

[2] *Hoffmeister*, Wörterbuch: „Grund" heißt in logischer Hinsicht ein Urteil oder Gedanke, dessen Gültigkeit die Gültigkeit eines anderen notwendig macht. Vgl. *Popper*, Logik, S. 60 und *v. Kutschera*, Wissenschaftstheorie, Bd. 2, S. 361 f.

machen, immer wieder warum? zu fragen, kann man auch bei der Rechtfertigung ethischer und juristischer Entscheidungen nach einer Rechtfertigung der Rechtfertigung fragen[3]. Fordert man zur Rechtfertigung von juristischen Entscheidungen, die ihren Ausdruck in juristischen Werturteilen finden, allein eine logische Begründung, dann kann man Sätze immer nur auf Sätze zurückführen, was zu einem unendlichen Regreß führt[4]. Anders als das kleine Kind muß man sich aber fragen, wie lange das Verlangen nach Rechtfertigung sinnvoll bleibt, an welchem Punkt man damit aufhören muß[5]. Rein logisch gesehen, ist man jedoch nirgends gehalten, mit der Begründung aufzuhören.

Das Problem des unendlichen Regresses läßt sich nicht auf die Weise lösen, wie es *Kelsen* vorschlägt, indem er die sog. Grundnorm als Geltungsgrund jeder bestimmten normativen Ordnung einführt[6]. Diese Grundnorm lautet für unsere Rechtsordnung: Man solle sich der Verfassung[7] und den in einem verfassungsmäßigen Verfahren erzeugten generellen Normen des Gesetzgebers[8] (und auch der Gerichte[9]) gemäß verhalten. Die Grundnorm hat die Funktion, den unendlichen Regreß zu unterbrechen, indem sie das Gebot enthält, bei der Verfassung mit der Begründung aufzuhören[10].

Es liegt klar auf der Hand, warum die Kelsen'sche Argumentation hier nicht weiterhilft. Inhaltlich lassen sich so allenfalls nur solche Maßstäbe rechtfertigen, die dem positiven Recht, also Möglichkeit (3), entnommen werden und auch nicht immer, da das positive Recht, einschließlich unseres Grundgesetzes, keine eindeutigen Prinzipien enthält, die eine feste Hierarchie bilden[11]. Für die Maßstäbe aus Möglichkeit (1) und (2) kann dagegen das positive Recht keine inhaltliche Rechtfertigung liefern, da die Wahl eines außerrechtlichen Maßstabes für die Anstandsformel das positive Recht verändert[12]. Die Wahl von Maßstäben aus Möglichkeit (1) und (2) kann daher nach der Auffassung von *Kelsen* nur formal gerechtfertigt werden[13]. Diese Begründung müßte so lauten: Da der Gesetzgeber im BGB Rechtsnormen wie § 138 I BGB geschaffen hat, die Ausdrücke ohne bestimmbaren Inhalt enthalten, ermächtigt er

[3] *V. Savigny*, Normale Sprache, S. 200.

[4] *Popper*, Logik, S. 60.

[5] *V. Savigny*, Normale Sprache, S. 200.

[6] *Kelsen*, S. 196 ff.

[7] *Kelsen*, S. 228 f.

[8] *Kelsen*, S. 230 ff.

[9] *Kelsen*, S. 255 ff.

[10] *Kaufmann / Hassemer*, Grundprobleme, S. 11.

[11] *Esser / Stein*, S. 9; *Simitis*, S. 188 f.

[12] *Zippelius*, Wesen, S. 50, 51.

[13] Vgl. *Kaufmann / Hassemer*, S. 11.

stillschweigend die obersten Gerichte zur Ausfüllung solcher Normen, Präzedenzfälle zu schaffen, die nichts anderes sind als generelle Normen[14] (s. o. Tatbestände [a] bis [i]). Die Wahl eines bestimmten Maßstabes ist dann deswegen gerechtfertigt, weil sie in einem rechtsstaatlichen, d. h. nach verfassungsmäßigen Grundsätzen geordneten Verfahren erfolgte.

So soll hier jedoch die Frage nach der Begründbarkeit nicht gemeint sein. Unser Problem ist, warum der BGH gerade diesen oder jenen Maßstab mit seinem spezifischen Inhalt gewählt hat und wie die Wahl gerade dieses oder jenes Maßstabes inhaltlich gerechtfertigt werden kann. Nur in diesem Sinne lassen sich auch die Bemühungen des BGH, seine Entscheidungen zu begründen, verstehen. Überall ist das Bestreben des Gerichts erkennbar, seine Entscheidungen nicht bloß als Willensäußerungen eines staatlichen Machtträgers erscheinen zu lassen, der aufgrund unserer staatlichen Organisation ermächtigt ist, Gebote, Verbote oder Erlaubnisse auszusprechen. Vielmehr versucht der BGH, indem er Werturteile behauptet und begründet, davon zu überzeugen, daß diejenigen Verhaltensweisen, die er gebietet bzw. verbietet, sich nach verständiger Überlegung[15] als wertvoll bzw. als nicht wertvoll herausgestellt haben[16]. *Esser* schreibt hierzu: „Gemeinsamer Nenner bei Richter und Umwelt ist ..., daß die gefundene Lösung gerecht und vernünftig sein müsse, weil ja das anzuwendende Recht nichts Ungerechtes und Unvernünftiges verlangen könne[17]. Der Richter muß der Umwelt ein Werturteil plausibel machen[18]."

3. Die Intuition

Wenn man mit der Forderung nach logischer Begründung von juristischen Entscheidungen nicht weiterkommt, dann muß man entweder die Forderung fallen lassen oder man muß etwas anerkennen, das uns sagt, bei welchen Sätzen man in einem logischen Begründungszusammenhang aufhören bzw. von welchen Sätzen man ausgehen kann, ohne daß die Annahme dieser Sätze willkürlich ist. Der erste Weg ist auszuschließen; der Richter muß seine Entscheidungen begründen, und zwar auch dann, wenn er seine Entscheidungen, wie hier, nicht aus dem Gesetz ableiten kann. Wenn das Gesetz keine zureichenden Prämissen enthält, dann muß der Richter von anderen Prämissen ausgehen; denn Begründen heißt Anwendung der Regeln der Deduktion[1].

---

[14] *Kelsen*, S. 255.
[15] *Engisch*, Einführung, S. 28.
[16] Vgl. oben, S. 16 ff.
[17] *Esser*, Vorverständnis, S. 24.
[18] *Esser*, Vorverständnis, S. 26.
[1] *Klug*, S. 9 ff.; *ders.* bei *Engisch*, Aufgabe einer Logik, S. 86; vgl. auch

Was zu den Regeln der deduktiven Logik noch dazukommen muß, um juristisch gut begründen zu können, dafür gibt es verschiedene Lehren. Nach den Naturrechtslehren (im oben dargestellten Sinn) soll man bei der Rechtfertigung juristischer Sätze von empirischen Tatsachenfeststellungen ausgehen, etwa indem man Feststellungen über die Natur des Menschen macht. Diese Art der Begründung wurde bereits gestreift und abgelehnt. Nach einer anderen Theorie sagt uns die „Intuition", von welchen Wertaussagen man ausgehen muß. Sie soll bewirken, daß wir von evidenten, keiner weiteren Begründung mehr bedürftigen Sätzen ausgehen und darauf, etwa wie in der euklidischen Geometrie, ein widerspruchfreies System errichten können.

Die Auffassung, Werte könnten durch Intuition erkannt werden, hat ihre Hauptvertreter in der klassischen deutschen Wertphilosophie, der materialen Wertethik, gefunden. Nach der Rekonstruktion dieser Lehre durch *Podlech*[2] sind Werte in der materialen Wertethik „ansichseiende, d. h. von jedem erfassenden Akt[3] unabhängige und idealseiende, d. h. von Raum und Zeit unabhängige Wesenheiten[4]".

„Die Werte und ihre Rangordnung werden erfaßt in Akten, und zwar in irrationalen, d. h. an die Gesetze der Logik nicht gebundenen[5], in emotionalen, d. h. im Vorziehen und Nachsetzen[6] und letztlich auf Liebe und Haß gründenden[7] und apriorischen, d. h. sich auf die Werte als ideale Bedeutungsträger beziehenden und diese durch den Gehalt einer unmittelbaren Anschauung zur Selbstgegebenheit bringenden Akten[8]."

Das klingt ziemlich unverständlich. Was heißt z. B.: Werte werden in irrationalen, d. h. an die Gesetze der Logik nicht gebundenen Akten erfaßt? Wenn damit gemeint ist, Werturteile bräuchten nicht begründet zu werden, in Wertdiskussionen bräuchte man die Regeln der deduktiven Logik nicht, dann ist diese Auffassung nicht zu halten. Der Hinweis, man habe die Richtigkeit bestimmter Werturteile „erschaut", bzw. man habe bei der Formulierung eines Werturteils ein Evidenzerlebnis

---

v. Savigny, Deduktiv-axiomatische Methode, S. 315 ff. (S. 343), der deutlich die Auffassung widerlegt, die axiomatische Methode und damit die Regeln der deduktiven Logik habe in der Rechtswissenschaft nichts zu suchen; er macht allerdings auch ganz deutlich, daß die Logik allein nicht ausreicht, sondern daß man wissen muß, von welchen Sätzen man ausgehen kann, um erfolgreich zu argumentieren (S. 343 f.).

[2] *Podlech*, Wertungen, S. 202 f.

[3] *Hartmann*, S. 141, 148 ff.; *Scheler*, S. 67, 269 f.

[4] *Hartmann*, S. 121, 150 ff.; *Scheler*, S. 69 f.

[5] *Scheler*, S. 84 f.

[6] *Scheler*, S. 48, 110.

[7] *Hartmann*, S. 116 f.; *Scheler*, S. 84 f., 88 ff.

[8] *Hartmann*, S. 121, 125 f., 134; *Scheler*, S. 46, S. 66 ff., 69, 72, 89, 108.

gehabt, wird weder als Begründung für die Richtigkeit des Urteils akzeptiert noch kann er eine solche ersetzen[9]. Der BGH würde sich lächerlich machen, würde er einen Maßstab wählen und nur darauf hinweisen, die Richtigkeit dieses Maßstabes sei den Richtern evident gewesen und ansonsten auf weitere Ausführungen verzichten.

a) Apriorische Gültigkeit von Werturteilen

Werte sollen in apriorischen, d. h. sich auf Werte als ideale Bedeutungsträger beziehenden und diese durch den Gehalt einer unmittelbaren Anschauung zur Selbstgegebenheit bringenden Akten erfaßt werden. Auch das bedarf einer Interpretation. „A priori" heißt von vornherein, vor jeder Erfahrung[10]. A priori gültige Sätze sind demnach solche, die nicht aus der Erfahrung stammen und die auch nicht von der Erfahrung widerlegt werden können[11]. Daß die Vertreter der materialen Wertethik geglaubt haben, die apriorische Gültigkeit von Werturteilen in diesem Sinne erweisen zu können, zeigt ihr häufiger Hinweis auf eine angebliche Parallelität zwischen Werturteilen und den Sätzen der Logik, Mathematik und der Geometrie[12]. Die Annahme einer apriorischen Erkennbarkeit dessen, was gerecht ist, ist eine Konsequenz aus der Hauptthese der materialen Wertethik, daß Werte ansichseiende und von Raum und Zeit unabhängige Wesenheiten seien.

Diese Auffassung ist jedoch unhaltbar. Wenn Werturteile, wie z. B. logische Sätze — etwa die Tautologie: Es regnet oder es regnet nicht[13] — von Raum und Zeit unabhängig sind, sind sie zwar a priori gültig[14], sagen aber nichts aus[15]; also können sie uns nicht bei moralischen Entscheidungen helfen. Gerade aber diese Funktion haben juristische Sätze, so daß sie nicht zu den logischen und analytischen Wahrheiten gehören[16]. Nehmen wir das Beispiel eines juristischen Satzes, den die Vertreter der materialen Wertethik wohl zu den a priori gültigen Sätzen

---

[9] *Popper*, Logik, S. 64, 65, bezüglich der logischen Sätze; *Priester*, Rechtstheorie, S. 26, 27.

[10] *Eisler*, Wörterbuch: „a priori": vor der Erfahrung, ihr vorangehend, nicht aus ihr stammend, nicht durch sie begründet, unabhängig von ihr einsichtig oder gültig. *Hoffmeister*, Wörterbuch: „a priori": von den Neukantianern gebräuchlich, das von der Erfahrung Unabhängige und sie Ermöglichende.

[11] *Scheler*, S. 69.

[12] Logik: *Scheler*, S. 74, 84, 95, 103; *Hartmann*, S. 150.
Mathematik: *Hartmann*, S. 27, 150 ff.
Geometrie: *Hartmann*, S. 28, 110.

[13] *Hassemer*, S. 40, Anm. 64; *Wittgenstein*, Tractatus, 6.1.

[14] *V. Savigny*, Normale Sprache, S. 196; *Hare*, S. 45.

[15] *Hare*, S. 45; *Hassemer*, S. 41; *Wittgenstein*, Tractatus, 6.11.

[16] *Podlech*, Wertungen, S. 204 f.; *Hassemer*, S. 44.

zählen würden: Verträge sind zu halten[17]. Aus diesem Satz lassen sich viele andere Sätze ableiten, z. B.: Der zwischen A und B geschlossene Vertrag ist zu halten; der morgen zwischen C und D geschlossene Vertrag ist zu halten; der irgendwann zwischen X und Y geschlossene Vertrag ist zu halten usw. Was aber für Situationen auftreten können, kann man gar nicht übersehen; man kann nicht von vornherein sagen, daß es sich in jeder Situation als richtig erweisen wird, die geschlossenen Verträge zu halten[18]. Jeder neue anerkannte Anwendungsfall des § 138 I BGB ist ein Gegenbeweis gegen die These, Sätze wie: pacta sunt servanda, seien a priori gültige Sätze.

Richtig ist zwar, daß Werturteile in gewisser Weise nicht durch sinnliche Erfahrung widerlegt werden können. So tut die betrübliche Erfahrung, daß geschlossene Verträge immer wieder gebrochen werden, dem Gebot der Vertragstreue keinen Abbruch. Die Vertreter der materialen Wertethik nahmen aber nicht zur Kenntnis, daß es offensichtlich neben der sinnlichen Erfahrung auch eine Werterfahrung gibt, die uns zur ständigen Modifizierung von bisher akzeptierten Werturteilen veranlaßt. Gleichgültig, was man unter Intuition verstehen will, sie setzt uns jedenfalls nicht in die Lage, in juristischen Diskussionen von evidenten Sätzen auszugehen, die von vornherein feststehen und daher von späteren Werterfahrungen unabhängig sind.

b) Das Rechtsgefühl

Wenn weiter gesagt wird, Werte würden in emotionalen Akten erfaßt, dann scheint uns das der realistische Kern der Ansicht der materialen Wertethik zu sein. Zieht man den mystischen Glanz, mit dem die Intuition als praktisch kaum faßbare „innere Schau" umschrieben wird[19], ab, dann bleibt ein bescheidenes, psychisches Phänomen übrig, nämlich die Wertgefühle[20].

Daß es sie gibt und daß sie eine große Rolle in Diskussionen um Werte und Werturteile spielen, ist offensichtlich.

Man stelle sich bei der Lektüre eines juristischen Textes, z. B. der Gründe einer Gerichtsentscheidung, vor. Einzelne Ausführungen werden dem Leser auffallen, weil er eine bestimmte Reaktion verspürt. Diese Reaktion kann sehr heftig sein und könnte sich in einem Ausruf,

---

[17] Vgl. *Coing*, Rechtsphilosophie, S. 211.

[18] *Hare*, S. 62, 63; *v. Savigny*, Normale Sprache, S. 197; *Zippelius*, Wesen, S. 116.

[19] *Hartmann*, S. 121; *Scheler*, S. 69.

[20] *V. Savigny*, Überprüfbarkeit, S. 49, 52; vgl. auch *Zippelius*, Wesen, S. 97 ff.

wie: „Das ist ja unhaltbar!" äußern, sie kann aber auch eine Zustimmungsreaktion sein[21]. Angenommen, der Leser tritt anschließend in eine Diskussion über das soeben Gelesene mit einem Kollegen ein, so wird er die Sätze, bei denen er eine Zustimmungsreaktion verspürt hat, sich zu eigen machen und von ihnen ausgehen, die Sätze, die bei ihm eine Abwehrreaktion ausgelöst haben, wird er anzugreifen versuchen. Daß er am Ende der Diskussion die ursprünglich akzeptierten Sätze möglicherweise nicht mehr aufrechterhält, ist kein Gegenbeweis gegen die Existenz derartiger Gefühle, sondern ein Hinweis dafür, daß Wertgefühle sich ändern können.

Wichtig ist, daß Wertgefühle offenbar in der Lage sind, uns zur Annahme oder Ablehnung von Argumenten in Wertdiskussionen zu bewegen.

Diejenigen Wertgefühle, die uns zur Annahme oder Verwerfung von Sätzen in juristischen Diskussionen bewegen, sollen „Rechtsgefühl" heißen. Unter Rechtsgefühl soll hier ein spontan und unwillkürlich auftretendes Gefühl[22] verstanden werden, ein Sachverhalt, der auf rechtlich relevante Zustände oder rechtlich relevantes Verhalten bezogen ist, sei so oder so zu bewerten, bzw. ein Satz in dem rechtlich relevante Zustände oder rechtlich relevantes Verhalten bewertet werden, sei wahr oder falsch[23]. Mit dem Wertgefühl in engem Zusammenhang steht die menschliche Fähigkeit, unter moralischen und juristischen Gesichtspunkten, Unterscheidungen treffen zu können. So unterscheiden wir zwischen tapferem und feigem Verhalten, zwischen Wahrheit und Lüge, zwischen Verhaltensweisen, die mit Freiheitsstrafe zu ahnden sind und solchen, die straffrei bleiben sollen, zwischen heimtückischem und grausamem Verhalten und so weiter[24]. Hätten wir diese Fähigkeit nicht, könnten wir auch nicht den Gebrauch der dazugehörigen Wertausdrücke lernen[25]. Wenn es richtig ist, daß das Rechtsgefühl uns zur Annahme oder Verwerfung von juristischen Sätzen motivieren kann, dann liegt es nahe, auf die Frage, wie der BGH seine Wahl zwischen den möglichen Maßstäben trifft, folgende Antwort zu geben: Der BGH trifft seine Wahl und rechtfertigt sie, indem er Werturteile behauptet, die die entscheidenden Richter aufgrund ihres Rechtsgefühls akzeptieren oder, was der häufigere Fall ist, auf andere Sätze zurückführen, deren Annahme durch das Rechtsgefühl motiviert ist.

---

[21] *V. Savigny*, Überprüfbarkeit, S. 32.

[22] *Hubmann*, Naturrecht, S. 372; *v. Savigny*, Überprüfbarkeit, S. 26.

[23] *Priester*, Rechtstheorie, S. 43 mit seiner Definition von „juristisches Werturteil"; vgl. auch *Hubmann*, Naturrecht, S. 372.

[24] *Kamlah / Lorenzen*, S. 47 f., weisen daraufhin, daß diese Unterscheidungen oft schwierig zu treffen sind. Vgl. hierzu *Zippelius*, Wahrheit, S. 512 ff.

[25] S. oben, S. 20, Anm. 6.

Damit sind die bisher diskutierten Schwierigkeiten vermieden. Einmal schließt das Rechtsgefühl eine willkürliche Auswahl der Maßstäbe aus[26]; denn man kann seine Zustimmungs- und Abwehrreaktionen nicht beliebig steuern, wenn man ehrlich ist. Sie können sich zwar ändern, aber auch wieder nur aufgrund von Argumenten, denen man unwillkürlich nach seinem Rechtsgefühl zustimmt oder nicht. Zum anderen ist auch der unendliche Regreß vermieden, weil das Rechtsgefühl uns in die Lage versetzt, einen Begründungszusammenhang bei bestimmten Sätzen zu unterbrechen[27].

Auffassungen, in denen die Bedeutung des Rechtsgefühls der Richter bei dem Umgang mit der Anstandsformel betont wird, werden in der juristischen Diskussion sehr häufig vertreten. *H. Isay*[28] z. B., dem als Vertreter der Freirechtsschule besonders die äußerst ungenaue und mehrdeutige Festlegung der richterlichen Entscheidung durch die Anstandsformel auffiel, definierte § 1 UWG als eine Blankettnorm, d. h. als eine Norm, welche nur die Rechtsfolge bestimmt, während sie die Ausfüllung des Tatbestandes dem Rechtsgefühl und der praktischen Vernunft des Richters überläßt. Die meisten Autoren legen dagegen Wert darauf, daß es Maßstäbe gibt, an denen sich der Richter orientieren kann, räumen aber dann achselzuckend ein, daß der Richter letzten Endes — bewußt oder unbewußt — doch dazu gelange, nach seiner persönlichen Wertperspektive zu urteilen[29].

Wenn nun aber hier gesagt wurde, der Richter müsse seine Entscheidungen begründen, er brauche aber zusätzlich zu den Regeln der deduktiven Logik eine Instanz, wenn weiter dafür plädiert wurde, daß das Rechtsgefühl diese Instanz sei, dann steht letztere Auffassung zu der hier vertretenen in gewissem Widerspruch. Nach unserer Ansicht muß man nämlich das Rechtsgefühl generell anerkennen, nicht nur dann, wenn ein Richter nicht mehr weiter weiß, weil dem Gesetz nichts Genaues zu entnehmen ist, sondern auch bereits bei den Gesetzesberatungen, wobei es dann auf das Rechtsgefühl der Abgeordneten ankäme. Dann erhebt sich aber die Frage, ob es überhaupt Objektivität und Rationalität in juristischen Diskussionen geben kann. Sind doch spontan auftretende Gefühle, die zur Annahme von bestimmten Sätzen führen, nicht höchst subjektive und irrationale Vorgänge?

Es bedarf somit einer näheren Untersuchung, welche Rolle das Rechtsgefühl in juristischen Diskussionen spielt.

---

[26] *V. Savigny,* Überprüfbarkeit, S. 32 und 26; *Venzlaff,* S. 62; Ziff. 3 der Zusammenfassung.

[27] *V. Kutschera,* Logik der Normen, S. 132 f.

[28] *Isay,* S. 85 ff., 121 ff.

[29] *Schricker,* S. 219.

4. Ein Vergleich der Rolle des Rechtsgefühls in der Rechtswissenschaft mit der Rolle von Beobachtungserlebnissen in empirischen Wissenschaften

Der Auffassung, das Rechtsgefühl entscheide über Annahme und Verwerfung von Sätzen in juristischen Diskussionen, entsprechen Gedanken, die *Eike v. Savigny* in seinem Buch: Die Überprüfbarkeit der Strafrechtssätze, niedergelegt hat.

Sie finden ihren Ausdruck in zwei Behauptungen:

1. „Das Rechtsgefühl (Wertevidenz, ethische Evidenz, ethische Intuition) teilt alle Eigenschaften der Beobachtungsevidenz, welche für die Rolle der Beobachtungsevidenz in den empirischen Wissenschaften wesentlich sind.
2. Das Rechtsgefühl spielt bei der Diskussion strafrechtswissenschaftlicher Sätze durch den Bundesgerichtshof die gleiche Rolle, wie die Beobachtungsevidenz sie bei der Überprüfung naturwissenschaftlicher Hypothesen spielt[1]."

Was hier von den Strafrechtssätzen behauptet wird, behaupten wir für den Umgang des BGH mit Sätzen, die in den Entscheidungsgründen zu der Anstandsformel von Bedeutung sind. *E. v. Savigny* vergleicht in seiner wissenschaftstheoretischen Schrift die in den empirischen Wissenschaften übliche Methode, über Sätze zu einer Einigung zu gelangen, mit der in der Entscheidungspraxis des BGH feststellbaren Methode und stellt fest, daß enge Parallelen bestehen[2].

a) Die Rolle von Beobachtungserlebnissen in den empirischen Wissenschaften

Sinn der nachfolgenden Ausführungen kann es selbstverständlich nicht sein, eine vollständige Erkenntnistheorie vorzustellen; wir müssen uns vielmehr darauf beschränken, einige Gesichtspunkte herauszustellen, mit deren Hilfe die Parallelität von Rechtsgefühl und den Beobachtungserlebnissen plausibel gemacht werden kann.

Eine wichtige Tätigkeit eines wissenschaftlichen Forschers besteht darin, Sätze oder Systeme von Sätzen aufzustellen und systematisch zu überprüfen; in den empirischen Wissenschaften sind es Hypothesen, Theoriensysteme, die aufgestellt und an der Erfahrung, durch Beobachtung und Experiment überprüft werden[3]. Hypothesen und Theorien

---

[1] *V. Savigny,* Überprüfbarkeit, S. 7.

[2] Die gleiche Ansicht vertreten: *Kilian,* S. 83 ff.; *v. Kutschera,* Logik der Normen, S. 133; *Podlech,* Rechtskybernetik, S. 158; *Priester,* Rechtstheorie, S. 25 ff.; *ders.,* L'art pour l'art, S. 42; *Schmidt,* System, S. 390.

[3] *Popper,* Logik S. 3.

braucht man, um Naturphänomene, d. h. sinnlich beobachtbare Ereignisse[4], zu erklären und um künftige beobachtbare Ereignisse vorhersagen zu können. Ein Naturphänomen ist erklärt, wenn ein das Phänomen beschreibender Satz aus einer solchen Hypothese aufgrund eines logischen Gesetzes ableitbar ist[5]. Da man selbstverständlich nur an richtigen Antworten auf die Frage, warum lief das Ereignis so ab, interessiert ist, ergibt sich nach Aufstellung einer erklärenden Hypothese die Notwendigkeit ihrer Rechtfertigung. Lange Zeit glaubte man, solche Hypothesen, die meistens die Gestalt allgemeiner Sätze[6] haben, mit den Regeln einer induktiven Logik rechtfertigen zu können. Inzwischen ist man aber zu der Überzeugung gelangt, daß man logisch nicht berechtigt ist, von besonderen Sätzen — hier von solchen, die einzelne Naturphänomene beschreiben — und seien es noch so viele, auf allgemeine Sätze zu schließen[7]. Bekanntlich berechtigen uns noch so viele Beobachtungen von weißen Schwänen nicht zu dem Schluß, daß alle Schwäne weiß sind[8].

Daher muß man unterscheiden zwischen den Fragen: Wie gelangt man zu Hypothesen und Theorien und wie überprüft man die Hypothesen? Die erste Frage ist psychologischer Natur. Theorien und Hypothesen sind Entdeckungen, Einfälle, die zwar nicht unvorbereitet kommen[9], zu denen aber kein den Regeln der deduktiven Logik entsprechender Weg von gemachten Beobachtungen aus führt. Erst wenn eine Hypothese aufgestellt und formuliert ist, setzt die Frage nach ihrer Überprüfung ein[10]. Diese Überprüfung sieht, grob gezeichnet, etwa so aus: Aus der vorläufig unbegründeten Antizipation, dem Einfall, der Hypothese werden auf logisch-deduktivem Weg Folgerungen abgeleitet; diese werden untereinander und mit anderen Sätzen verglichen, indem man feststellt, welche logischen Beziehungen zwischen ihnen bestehen[11].

---

[4] *Bochenski*, S. 104.

[5] *Bochenski*, S. 105.

[6] Sie haben dieselbe logische Struktur wie z. B. der Satz: Alle Schwäne sind weiß. Kalkülisiert: $\bigwedge x\,(Sx \rightarrow Wx)$. Dieselbe Struktur besitzen auch allgemeine Werturteile und die Rechtssätze, die als Obersätze im Justizsyllogismus in Frage kommen. *Heller*, S. 61; *Klug*, S. 51 (5.2); *Schreiber*, S. 29.

[7] *Albert*, Theorie, S. 129; *Hempel*, S. 19 ff.; *Popper*, Logik, S. 3 f.; *Stegmüller*, Hauptströmungen, S. 398 ff.

[8] *Popper*, Logik, S. 3.

[9] *Hassemer*, S. 144; *Viktor Kraft*, Geschichtsforschung, S. 75. Der von Hassemer und Kraft in diesem Zusammenhang benutzte Ausdruck „Intuition" wird von ihnen in anderer Weise gebraucht, als er hier bei der Auseinandersetzung mit der materialen Wertethik verwendet wurde. Sie verstehen unter Intuition einen Einfall, der zu einer Hypothese führt. In dem hier gemeinten Sinn führt die Intuition zu einer unmittelbar gegebenen Einsicht, von der ausgegangen werden kann.

[10] *Stegmüller*, Hauptströmungen, S. 401.

[11] *Popper*, Logik, S. 7.

Will man z. B. den Satz: „Alle Schwäne sind weiß“, überprüfen, dann kann man, wenn man alle Schwäne in der zeitlichen Reihenfolge, in der man sie sieht, mit Ziffern belegt, ableiten: Schwan 1, 2, 3 ... m, ist weiß. Solange der Überprüfer nicht nach Australien kommt, wird er immer die Feststellung treffen können: Ja, Schwan 1, 2, 3 ... n, ist weiß. Solange die Entscheidung für diese abgeleiteten Sätze positiv ausfällt, haben wir keinen Anlaß, die Hypothese zu verwerfen. Hat sie viele Prüfungen bestanden, dann gilt die Hypothese als gut bestätigt und wird zum Gesetz[12]. In Diskussionen kann man von solchen zu Gesetzen verfestigten Hypothesen ausgehen. Kommt aber der Überprüfer nach Australien, dann wird er z. B. dem Satz: Schwan 300 ist weiß, nicht mehr zustimmen, dann stellt sich heraus, daß einige der abgeleiteten Sätze falsch sind. Werden auf diese Weise die logischen Folgerungen falsifiziert, dann trifft ihre Falsifikation auch das System, aus dem sie abgeleitet wurden[13]. Das Schicksal von Hypothesen hängt somit von bestimmten aus ihnen abgeleiteten Sätzen ab. *Popper* nennt sie „Basissätze“[14]. Aber was sind diese Basissätze? Logisch sind sie in keiner Weise ausgezeichnet; denn jeder Basissatz kann neuerdings durch Deduktion anderer Basissätze überprüft werden, wobei u. U. die gleiche Theorie wieder verwendet werden muß oder auch eine andere[15]. Wenn man aber ein Ergebnis erzielen will, dann muß die Überprüfung bei irgendwelchen Sätzen abgebrochen werden. Man sieht, daß sich auch hier dieselbe Problematik des unendlichen Regresses auftut, wie sie sich bei der Frage nach der Begründbarkeit der juristischen Sätze stellte. Es liegt auf der Hand, daß der Beschluß, den unendlichen Regreß zu unterbrechen und die Sätze, bei denen man stehenbleibt, als Basissätze auszuzeichnen, von Beobachtungen abhängt[16] (im Schwanenbeispiel von Sehwahrnehmungen). Wie sich das Verhältnis von Basissätzen und Beobachtungen im einzelnen aber darstellt, ist nicht ganz klar. Der ältere Empirismus hatte geglaubt, die Basissätze seien nichts anderes als Beschreibungen unserer Wahrnehmungserlebnisse, Wissenschaft sei demnach eine systematische Darstellung unserer Überzeugungserlebnisse[17]. Erstaunlich an dieser Ansicht ist, wie man gleichwohl

---

[12] *Bochenski*, S. 105.

[13] *Popper*, Logik, S. 8.

[14] *Popper*, Logik, S. 66 ff.

[15] *Popper*, Logik, S. 69.

[16] *V. Kutschera*, Logik der Normen, S. 132.

[17] *Popper*, Logik, S. 60, wo er das sogenannte Fries’sche Trilemma diskutiert, das sich auch für die Rechtswissenschaft stellt. Das Trilemma besteht darin, daß man bei der Frage nach der Begründbarkeit von empirischen Sätzen nur die Wahl zwischen drei Möglichkeiten habe: Entweder man führt die Sätze willkürlich ein oder man gibt eine logische Begründung mit der Gefahr des unendlichen Regresses oder aber man erkennt eine psychologische Basis an. Ähnlich *Albert*, Traktat, S. 7 ff.

an die Objektivität und Rationalität der empirischen Wissenschaften glauben konnte, sind doch Wahrnehmungserlebnisse[18] und die sich darauf gründenden Überzeugungserlebnisse, ebenso wie Rechtsgefühl und Rechtsüberzeugung, höchst subjektive und irrationale Vorgänge.

Daß diese Auffassung nicht haltbar ist, ergibt sich daraus, daß naturwissenschaftliche Sätze keine Äußerungen über Gemütszustände der Forscher sind, sondern Aussagen über Zustände und Vorgänge in der uns umgebenden Welt.

Das zeigt sich schon sprachlich darin, daß wir für die verschiedenen Äußerungstypen auch verschiedene Ausdrucksmöglichkeiten besitzen. Man vergleiche: „Mir ist es heiß" — „Es ist heiß"[19] oder „Schwan 300 erscheint mir nicht als weiß" — „Schwan 300 ist nicht weiß". Eine empirische Wissenschaft hat es mit Äußerungen des zweiten Typs zu tun, die in einer objektiven Sprache mit Anspruch auf intersubjektive Zustimmung geäußert werden. Nimmt man an, die Ausdrücke einer empirischen Wissenschaft ließen sich auf Ausdrücke für Sinnesreize (z. B. „Schwan" auf „Schwaneneindruck") und damit auch empirische Aussagen auf Aussagen über Sinneseindrücke zurückführen, dann wäre eine intersubjektive Verständigung nicht möglich. Ein Verteidiger dieser Position könnte nämlich nicht von mir verlangen, daß ich *meine* Sprache über den Bereich seiner Bewußtseinsinhalte interpretiere, weil mir diese unzugänglich sind; das gilt auch umgekehrt[20]. Wenn sich also zwei Menschen verstehen wollen, müssen sie voraussetzen, daß sie über die gleichen Dinge reden; dies ist nur möglich, wenn sie nicht über ihre jeweiligen Bewußtseinsinhalte, sondern über die Dinge der Außenwelt sprechen[21]. Wir können somit unsere empirischen Aussagen, z. B. die Basissätze, nicht mit Aussagen über innere Wahrnehmungen rechtfertigen.

Andererseits gründen wir aber zweifellos unsere Überzeugungen auf Wahrnehmungserlebnisse. Aus diesem Dilemma gibt es nur einen Ausweg. Die Rechtfertigung empirischer Aussagen durch Wahrnehmungen entspricht *nicht* der Weise, wie wir Behauptungen durch Behauptungen rechtfertigen; es besteht also keine deduktive oder induktive logische

---

[18] Vgl. *Stegmüller,* Hauptströmungen, S. 446: Beobachtungen sind Erlebnisse.

[19] Ein Motiv dafür, daß man Aussagen des ersten Typs denen des zweiten Typs vorgezogen hat, war, daß man glaubte, Meinungen über eigene Sinneserfahrungen seien immer mit Gewißheit wahr, sie könnten daher eine sichere Basis für unser empirisches Wissen sein. Zur Diskussion dieser Auffassungen vgl. *v. Savigny,* Normale Sprache, S. 276 ff.

[20] *Essler,* Analytische Philosophie, Bd. I S. 251.

[21] *Essler,* Analytische Philosophie, Bd. I, S. 251; *Stegmüller,* Hauptströmungen, S. 447.

Beziehung, sondern etwas anderes[22]. *Popper* drückt diese „andere Beziehung" so aus[23]: „Es ist richtig, daß der Beschluß, einen Basissatz anzuerkennen, mit Erlebnissen zusammenhängt; aber der Basissatz wird durch diese Erlebnisse nicht begründet. Erlebnisse können aber Entschlüsse motivieren." Wahrnehmungserlebnisse stellen somit Motive, psychische Ursachen[24] für die Annahme empirischer Sätze dar. In den logischen Begründungszusammenhang der wissenschaftlichen Sätze gehen Überzeugungserlebnisse nicht ein[25].

Betrachtet man nun in dem angeführten Schwanenbeispiel die Basissätze, so scheint es, als sei der Beschluß, die Sätze: „Schwan 1, 2, 3 ... n ist weiß", anzuerkennen, allein durch Beobachtungen motiviert[26]. Das ist aber nicht der Fall. Selbst einfachste Beobachtungssätze sind in einem strengen Sinn allein und nur durch Beobachtungen nicht direkt und definitiv entscheidbar[27]. Aus jeder Beobachtung, jedem Experiment, jeder Messung folgt ein Beobachtungssatz nur mit Hilfe anderer, als wahr vorausgesetzter, singulärer und genereller Annahmen[28], so daß er nicht direkt durch Beobachtung falsifiziert werden kann. Und jeder Beobachtungssatz ist durch die Annahmen des Systems mit einer Vielfalt anderer Beobachtungssätze so verbunden — und zwar auch durch Annahmen, die die Bedeutung der in ihm vorkommenden Ausdrücke mitbestimmen —, daß man nicht von seiner vollständigen Verifikation sprechen kann, bevor nicht auch diese verifiziert sind. Auch ein so einfacher Beobachtungssatz wie: „Diese Fläche ist rot", muß in einem naturwissenschaftlich verbindlichen Sinn z. B. so überprüft werden, daß die Spektralverteilung der Lichtquelle und des von der Fläche reflektierten Lichts geprüft wird. Dabei verwenden wir eine Reihe von optischen Gesetzen, von Theorien über das Funktionieren der Meß-

---

[22] *V. Savigny*, Normale Sprache, S. 279.

[23] *Popper*, Logik, S. 17, 18, 71.

[24] *V. Savigny*, Überprüfbarkeit, S. 58 und 60.

[25] *Popper*, Logik, S. 65.

[26] Diese Ansicht vertritt der neuere Empirismus. Vgl. *v. Kutschera*, Wissenschaftstheorie, Bd. 2, S. 491: Die zweite Grundthese des Empirismus.

[27] *V. Kutschera*, Wissenschaftstheorie, Bd. 2, S. 496, 497, dem auch die folgenden Ausführungen entnommen sind.

[28] Diese Annahmen werden daher a priori als synthetische Sätze vorausgesetzt. Vgl. *Essler*, Wissenschaftstheorie, Bd. II, S. 85: „Wer eine Hypothese formuliert, muß bereits ungefähr wissen, an welchen Objekten er seine Untersuchungen anzustellen hat. Die Regeln bzw. Sätze, die er voraussetzen muß, um die vorkommenden Begriffe zur Wirklichkeitserkenntnis verwenden zu können, sind ihm a priori vorgegeben. Diese als wahr vorausgesetzten Urteile sind jedoch nicht a priori als gültig zu erweisen; denn die Hypothese kann sich ja als nicht ganz richtig herausstellen, was bedeutet, daß unter den vorausgesetzten Urteilen wenigstens eines falsch ist. Das ist deswegen möglich, da unser a priori vorausgesetztes Wissen den ganzen Gegenstandsbereich der empirischen Wissenschaften niemals in allen Details erfassen wird."

instrumente usw.[29]. Um überhaupt aufgrund von Sinnesreizen Sätze als wahr oder falsch akzeptieren oder verwerfen zu können, muß man eine Menge anderer Sätze ungefragt als wahr voraussetzen[30].

In diesem Zusammenhang ist noch auf einen weiteren Gesichtspunkt hinzuweisen. Jemand schaut auf einen in das Wasser getauchten Stab. Aufgrund seiner Wahrnehmungen wird er den Satz akzeptieren: „Der Stab ist geknickt". Er würde sogar intersubjektive Übereinstimmung mit allen anderen Personen erzielen, die aus seiner Position auf den Stab blicken. Trotz einer solchen Übereinstimmung halten wir den genannten Satz für falsch und sprechen von einer Sinnestäuschung. Wie kommt das? Man könnte ja auch so vorgehen und, ausgehend von den vielen geknickten Stäben, die man im Wasser beobachtet hat, dem Wasser eine besondere Kraft zuschreiben, die Stäbe zum Knicken bringt. Man kann dies in der Hypothese formulieren: „Alle Stäbe werden im Wasser geknickt", und nach einer Theorie über die „Knickungskraft" des Wassers suchen. Zweifel an einer solchen Theorie könnten zwar durch die Beobachtung entstehen, daß der Stab, wenn er wieder aus dem Wasser gezogen wird, keinerlei Knickspuren aufweist, die doch vorhanden sein müßten, wenn eine derartige Kraft auf ihn eingewirkt hätte[31]. Entscheidend aber dafür, daß man sich heute sicher ist, daß Stäbe im Wasser nicht geknickt werden, dürfte sein, daß man eine andere Theorie, nämlich die Wellentheorie des Lichts, hat, mit der die Beobachtungen von geknickten Stäben im Wasser genauso verträglich sind, wie die Beobachtungen von geraden Stäben, nachdem sie wieder aus dem Wasser gezogen worden sind. Darüber hinaus steht die Wellentheorie mit einer Menge zusätzlicher Beobachtungssätze im Einklang und ermöglicht zudem eine einfache und fruchtbare Systematisierung und Deutung der gemachten Beobachtungen[32].

Beobachtungssätze, die als Basissätze für Hypothesen und Theorien in Frage kommen, werden nicht schon allein aufgrund von Beobachtungserlebnissen akzeptiert, sondern werden auch im Hinblick auf andere Sätze, die mit ihnen in Verbindung stehen, diskutiert. Selbst allgemeine Übereinstimmung genügt nicht immer. Unsere empirischen Urteile müssen in das Gesamtsystem unserer grundlegenden Annahmen über die Welt, d. h. in unser Weltbild, hineinpassen[33].

---

[29] Vgl. auch *Popper*, Logik, S. 61.

[30] Man kann die Gesamtheit dieser Sätze auch das Vorverständnis nennen, das jeder Forscher mitbringen muß, um überhaupt schon Hypothesen formulieren zu können. Vgl. *Essler*, Wissenschaftstheorie, Bd. II, S. 85, 115.

[31] Vgl. *Zippelius*, Methodenlehre, S. 95.

[32] *V. Kutschera*, Wissenschaftstheorie, Bd. 2, S. 469 f.

[33] *V. Kutschera*, Sprachphilosophie, S. 251.

Zweck der in diesem Abschnitt gemachten Andeutungen war es, zu zeigen, daß das Gesamtsystem der empirischen Aussagen viel lockerer und indirekter mit Beobachtungen zusammenhängt, als man gemeinhin annimmt. Sicher ist, daß Wahrnehmungserlebnisse uns in die Lage versetzen, den Begründungsregreß zu unterbrechen, indem sie uns zur Annahme oder Verwerfung bestimmter Sätze motivieren. Diese Angewiesenheit auf Sinnesempfindungen bedeutet nun aber keineswegs, daß alle empirische Erkenntnis subjektiven Charakter hat. Ein Satz, dem man aufgrund von Beobachtungserlebnissen zugestimmt hat, wird erst zu unserem objektiven Wissen gezählt, wenn er in einer objektiven Sprache formuliert ist, den Anspruch auf intersubjektive Übereinstimmung erhebt, diese Übereinstimmung über kurz oder lang herzustellen ist, er in sich logisch widerspruchsfrei ist und wenn er in das Gesamtsystem unserer grundlegenden Annahmen über die Welt, in dem gesetzmäßige Ordnungen herrschen, hineinpaßt[34].

b) Die Rolle des Rechtsgefühls in der Rechtswissenschaft

In ähnlicher Weise argumentiert *E. v. Savigny* für die Rolle, die das Rechtsgefühl in juristischen Diskussionen spielt.

Ebenso wie die Beobachtungserlebnisse ist das Rechtsgefühl kein logischer Grund für die Wahrheit eines Satzes, sondern psychische Ursache für seine Annahme[35]. Mit dem Rechtsgefühl begründen wir keine Werturteile[36], es versetzt uns aber in die Lage, den Begründungsregreß zu unterbrechen. Es unterscheidet sich von Beobachtungserlebnissen nicht in der Unwillkürlichkeit, mit der man bestimmten Sätzen zustimmt[37]. Ebensowenig wie man für seine Beobachtungen etwas kann, kann man seine Rechtsüberzeugungen willkürlich steuern, wenn man ehrlich ist. Die Tatsache, daß man in der Rechtswissenschaft wie in einer empirischen Wissenschaft auf subjektive Kriterien angewiesen ist, bedeutet weder hier noch dort, daß die akzeptierten Sätze subjektiven Charakter haben müssen. Auch juristische Sätze in Gerichtsentscheidungen z. B. sind keine Äußerungen über die Gemütszustände der jeweiligen entscheidenden Richter, sondern handeln von Zuständen oder Vorgängen der uns umgebenden Welt, allerdings von einem anderen Aspekt aus betrachtet als in empirischen Wissenschaften. Juristische Werturteile werden in einer objektiven Sprache mit Anspruch auf intersubjektive Zustimmung formuliert. Ebenso kompliziert und weitläufig wie der Zusammenhang zwischen Sinnesempfindungen und den Aus-

[34] *V. Kutschera*, Logik der Normen, S. 133.

[35] *V. Savigny*, Überprüfbarkeit, S. 58.

[36] S. o. S. 84.

[37] *V. Savigny*, Überprüfbarkeit, S. 26.

sagen einer empirischen Theorie ist auch der Zusammenhang von Wertempfindungen und den Aussagen eines ethischen Systems[38]. Daß jemand ein juristisches Werturteil aufgrund seines Rechtsgefühls akzeptiert hat, genügt allein nicht. Vielmehr wird ein solches Werturteil in das System der Rechtswissenschaft eingeführt, wenn es in sich logisch widerspruchsfrei ist und in das Gesamtsystem unserer grundlegenden Wertannahmen hineinpaßt. Juristische Werturteile werden nicht isoliert[39], sondern ebenfalls im Hinblick auf andere Sätze diskutiert.

Wollte man die subjektiven Kriterien, die in den Wissenschaften eine Rolle spielen, ganz ausschalten, dann käme dies einem Versuch gleich, sich den Wissenschaftsbetrieb ohne Menschen vorzustellen, was absurd ist. Um das Rechtsgefühl bei der Entscheidungspraxis der Gerichte gänzlich zu eliminieren, gibt es nur eine Möglichkeit, nämlich die Rechtsordnung als ein axiomatisches System von Sätzen mit präzisen und exakten Sprachregeln aufzubauen. Genauso wie ein Blinder über beobachtbare Vorgänge in gewissem Umfang sprechen kann, wenn er die Umgangssprachregeln kennt[40], könnten die Richter im Falle eines solchen Systems durch einen „wertblinden" Computer ersetzt werden. Das würde aber voraussetzen, daß wir uns vor dem Aufbau eines solchen Systems über sämtliche juristische Probleme, die in unserem Rechtskreis auftauchen, aufgrund des Rechtsgefühls geeinigt hätten[41] und beschließen würden, in Zukunft keine neuen Werterfahrungen mehr zu machen[42]. Da aber das Rechtsgefühl uns in neuen Situationen in bestimmter Weise, mehr oder weniger unabhängig von den bisher akzeptierten Einsichten, reagieren läßt, ob wir wollen oder nicht, würden die Ergebnisse einer solchen Computer-Rechtsprechung, die völlig schematisch „Recht" sprechen und auf Veränderungen in der Gesellschaft keinerlei Rücksicht nehmen würde, bei den Betroffenen und der Gemeinschaft bald heftige Abwehrreaktionen hervorrufen. Eine solche Rechtsprechung würden wir sehr schnell als Unrechtsprechung empfinden[43].

Es ist daher nicht sinnvoll, dem Rechtsgefühl der Richter nur geringe Beachtung zu schenken oder es möglichst auszuschalten zu versuchen.

---

[38] *V. Kutschera*, Logik der Normen, S. 133.

[39] Ein deutliches Diskussionsbeispiel findet sich bei *Schmidt*, Präzision, S. 403.

[40] Allein aufgrund der Kenntnis der deutschen Sprache weiß er z. B., daß frisches Blut rot, frisches Gras dagegen grün ist, Vgl. *Kamlah / Lorenzen*, S. 214.

[41] Vgl. *v. Savigny*, Deduktiv-axiomatische Methode, S. 344: „Ein befriedigendes axiomatisches System eines Rechtsgebietes kann man genau dann finden, wenn man eine befriedigende Theorie für ein solches Gebiet finden kann."

[42] Vgl. *Schmidt*, System, S. 388.

[43] *Kaufmann*, Geschichtlichkeit, S. 91.

Im Gegenteil ist es geboten, den methodischen Platz, den das Rechtsgefühl in juristischen Diskussionen einnimmt, genauer zu bestimmen. Die Anerkennung der Notwendigkeit subjektiver Kriterien für jede inhaltliche Diskussion um juristische Werturteile, verbunden mit der Erkenntnis, daß dies nicht dazu führen muß, der Rechtswissenschaft subjektiven und irrationalen Charakter zuzuschreiben[44], was durch den Vergleich mit den Beobachtungserlebnissen plausibel gemacht werden sollte, macht erst den Weg frei, sich um Kriterien für Objektivität und Rationalität juristischer Argumentationen zu bemühen.

Die oben aufgezählten Gemeinsamkeiten zwischen Rechtsgefühl und Beobachtungsevidenz legen es in diesem Zusammenhang nahe, die Art und Weise, wie Naturwissenschaftler zu einer Einigung gelangen, auf juristische Diskussionen zu übertragen.

Die Analogie zu der Beobachtungsevidenz läßt sich aber nur mit einigen Modifikationen durchführen. Zwar unterscheidet sich das Rechtsgefühl nicht in der Unwillkürlichkeit, mit der man Sätze als wahr oder falsch bezeichnet, es unterscheidet sich aber in der Sicherheit, mit der man Sätze über beobachtbare Ereignisse ausspricht. Während man eher geneigt ist, ethische Äußerungen, denen man aufgrund seiner Gefühle zugestimmt hat, später trotzdem zu bezweifeln oder zu revidieren[45], wird man sich von Behauptungen über Vorgänge, die man selbst beobachtet hat, nicht so leicht abbringen lassen[46].

Der zweite Unterschied liegt in der mangelnden Intersubjektivität der Beurteilung. Die mangelnde Intersubjektivität bedingt, daß verschiedene Menschen von verschiedenen Wertannahmen ausgehen können, was das Vorhandensein verschiedener Wertsysteme erklärt. Fragt mich jemand, warum einer meiner letzten Sätze wahr ist, kann ich nicht mehr antworten[47]. Wenn für einen Satz in einer juristischen Diskussion keine weitere Basis mehr angegeben wird, dann hört in dieser Diskussion die rationale Argumentation für und gegen dieses Werturteil auf und kann in eine Diskussion der (psychologischen) Ursachen für die Annahme des Satzes übergehen[48]. Dieser Abbruch der Kommunikation zu Gunsten der psychologischen Erklärung der Verhaltensweise des Diskussionspartners, warum er diesen „letzten Satz" akzeptiere oder verwerfe, ist die Hoffnung einiger ideologiekritisch eingestellter Autoren (z. B. *Apel, Habermas*), doch noch zu einer Einigung zu gelangen.

---

[44] Ähnlich verwahrt sich *Esser*, Vorverständnis, S. 21, 22 und 171 ff. dagegen, daß die Anerkennung einer Richtigkeitsevidenz zu einem psychologisch orientierten Irrationalismus führe.

[45] *V. Savigny*, Normale Sprache, S. 198.

[46] *V. Savigny*, Überprüfbarkeit, S. 26.

[47] *V. Savigny*, Überprüfbarkeit, 58; *Priester*, Rechtstheorie, S. 29.

[48] *V. Savigny*, Überprüfbarkeit, S. 58.

Nach deren Auffassung ist hierfür das Verhältnis des Psychotherapeuten zum Neurotiker charakteristisch[49]. Die Hoffnung liegt darin, daß Menschen auf die kausalanalytische Erklärung ihres (psychologischen) Verhaltens durch ein neuartiges Verhalten reagieren können, indem sie durch Selbstreflexion ihr Vorverständnis in ein tieferes Selbstverständnis umsetzen können[50]. Es leuchtet ein, daß so Kommunikationsstörungen beseitigt werden können, ob aber damit alle Meinungsverschiedenheiten über Werturteile überwunden werden, ist mehr als fraglich. Unüberbrückbare Gegensätze zwischen gesellschaftlichen und politischen Gruppen beruhen auf dem Unterschied der Interessenlagen und der Verschiedenartigkeit der Erfahrungen. Der Vergleich mit der krankhaften Dialogunfähigkeit, die der Psychoanalytiker dem Neurotiker zuspricht, und von der er diesen (auf dessen Wunsch) zu heilen versucht, führt hier in die Irre[51].

Gegenüber der Pluralität der Wertüberzeugungen nehmen die empirischen Wissenschaften eine gewisse Sonderstellung ein[52]. Der Kreis der Personen, die einen Beobachtungssatz unwillkürlich für wahr halten, besteht in den empirischen Wissenschaften grundsätzlich aus allen beteiligten Wissenschaftlern. Die früher anerkannten Basissätze sind auch heute Basissätze[53]. In der Rechtswissenschaft ist das anders. Was heute anerkannt ist und zur Grundlage von juristischen Argumentationen gemacht wird, kann in einiger Zeit schon überholt sein. Die anerkannten Sätze der Rechtswissenschaft unterliegen dem geschichtlichen Wandel.

Schließlich besteht noch ein weiterer Unterschied. Ein Richter steht unter Entscheidungszwang. Während man in einer empirischen Wissenschaft zuwarten kann, bis eine Hypothese akzeptiert wird oder nicht, muß sich ein Richter entscheiden. Bei mehreren Alternativen muß er eine wählen; er kann nicht darauf warten, bis eine abschließende Diskussion über sein Problem stattgefunden hat. Er muß unter den vorgeschlagenen Lösungsmöglichkeiten diejenige akzeptieren, die bei dem gegebenen Diskussions- und Informationsstand die relativ besten Argumente für sich hat.

---

[49] *Apel*, Szientistik, S. 39; *Habermas*, Universalitätsanspruch, S. 85 ff.; *ders.*, Erkenntnis, S. 262 ff.

[50] *Apel*, Szientistik, S. 42.

[51] So treffend *Gadamer*, S. 306; ähnlich *Kaufmann*, Einleitung, S. 4.

[52] Vgl. aber *v. Kutschera*, Logik der Normen, S. 133 f., der darauf hinweist, daß es auch eine Pluralität empirischer Erkenntnisse, d. h. der Weltbilder, gibt.

[53] *V. Saivgny*, Überprüfbarkeit, S. 31.

5. Deutung der möglichen Maßstäbe zur Ausfüllung der Anstandsformel als allgemeine Werthypothesen

Naturwissenschaftler gelangen zu einer Einigung, indem sie Hypothesen aufstellen und diese überprüfen. Die Überprüfung besteht in dem Versuch, die aus den Hypothesen zu gewinnenden einzelnen Folgerungen zu falsifizieren. Dieses Verfahren der deduktiven Nachprüfung empirischer Hypothesen ist deswegen erfolgreich, weil es ein Verfahren ist, mit dessen Hilfe eine Hypothese mit Sätzen konfrontiert werden kann, deren Nachprüfung „leicht" ist[1]. Die abgeleiteten Basissätze sind nämlich Sätze von niedrigerer Allgemeinheitsstufe als die zu überprüfende Hypothese. Über solche Sätze, die Einzelbeobachtungen beschreiben, läßt sich in der Regel unter den verschiedenen Prüfern leichter eine Einigung erzielen.

Überträgt man dieses Verfahren auf juristische Diskussionen, dann bedeutet das für unser Modellbeispiel, daß man die den BGH-Richtern zur Auswahl stehenden fünf Lösungsmöglichkeiten als allgemeine Werthypothesen deuten müßte, die man mit Hilfe der von ihnen ableitbaren Folgerungen überprüfen könnte. Eine solche Deutung läßt sich zwanglos vertreten. Im Stadium der Beratung, in dem sich die BGH-Richter klar darüber werden müssen, welche der Alternativen sie wählen sollen, kann man jede der Lösungsmöglichkeiten als Hypothese, als vorerst unbegründete Antizipation, als Einfall[2] oder Gesichtspunkt auffassen, die eine Vermutung darüber aufstellt, was für den zu entscheidenden Fall relevant sein könnte. Zu solchen Hypothesen können Maßstäbe des positiven Rechts, soziale Normen oder kollektive Wertvorstellungen führen. Allgemeine Werthypothesen, die, wenn sie im Rahmen der Anstandsformel akzeptiert sind, zu tragenden Begründungssätzen (wie oben Tatbestände [a] bis [i]) werden, haben dieselbe logische Struktur wie die in empirischen Wissenschaften üblicherweise benutzten Hypothesen. Vom Standpunkt der Sprache aus gesehen, sind Hypothesen Vorschläge eines neuen oder modifizierten Sprachgebrauchs[3], der dann akzeptiert wird, wenn die Angemessenheit dieses Sprachgebrauchs sich nach geeigneter Prüfung herausgestellt hat.

Fraglich könnte aber sein, ob diese Deutung sinnvoll ist. Die Forderung nach einer Überprüfung allgemeiner Werthypothesen anhand der aus ihnen gewonnenen Werturteile könnte nämlich nur dann erhoben werden, wenn man sich aufgrund des Rechtsgefühls im großen und ganzen auf die Ergebnisse einigen kann, jedenfalls besser als auf Sätze mit höherer Allgemeinheitsstufe; denn nur dann kann das Überprü-

---

1 *Popper*, Logik, S. 70.

2 *Popper*, Logik, S. 7.

3 *Essler*, Wissenschaftstheorie Bd. I, S. 63.

fungsverfahren als ein erfolgreiches Verfahren gelten, das zu Sätzen führt, deren Nachprüfung leicht ist.

a) Argumente für eine Nachprüfung von allgemeinen Werthypothesen anhand konkreter Einsichten

Zunächst wollen wir kurz auf einen möglichen Einwand eingehen, der hier erhoben werden könnte. Der Einwand könnte im Vorwurf der Zirkularität liegen. Auf den ersten Blick erscheint es paradox, wenn gefordert wird, ein Einzelwerturteil — etwa der in der Conclusio des Justizsyllogismus auftauchende Satz (3)[4] — müsse durch Ableitung aus einem allgemeinen Werturteil begründet werden, das allgemeine Werturteil hinwiederum sei dadurch zu rechtfertigen, indem man die Ergebnisse, die aus dem Werturteil folgen, betrachtet und zusieht, ob man sie akzeptieren kann[5]. Werden bei einem solchen Verfahren nicht Zirkelschlüsse vorgenommen? Handelt es sich nicht um fehlerhafte Begründungen vom Ergebnis her?

Diese Paradoxie ist leicht aufzulösen, wenn man sich vor Augen führt, daß die Werthypothese ein allgemeiner Satz ist und dieses *eine* Ergebnis, das mit dem generellen Werturteil begründet werden soll, nur eines unter theoretisch unendlich vielen Anwendungsfällen ist. Nicht dieses eine Ergebnis rechtfertigt die Werthypothese, sondern die Gesamtheit der Ergebnisse, die sich mit ihr erzielen läßt. Die Hypothese beinhaltet ja nicht nur die Behauptung, dieser eine Fall werde mit ihrer Hilfe begründet, sondern auch die Behauptung, sie werde auch in Zukunft die ihr unterfallenden Fälle befriedigend lösen[6]. Vollends klar wird dies, wenn man sich überlegt, daß dasselbe Ergebnis mit verschiedenen allgemeinen Sätzen begründet werden kann. Eine Entscheidung zwischen den drei Lösungsmöglichkeiten unseres Modellbeispiels, nach denen das Verhalten des Kaufmanns als sittenwidrig anzusehen wäre, ist demnach trotz gleichen Ergebnisses möglich, weil jede dieser drei Alternativen darüber hinaus andere Folgen hat.

Daß es nicht abwegig ist, juristische Werthypothesen mit Hilfe der aus ihnen zu gewinnenden Ergebnisse[7] zu überprüfen, macht das folgende Argument plausibel. Wir haben sämtliche Anmerkungen zu Ur-

---

[4] Siehe oben, S. 16.

[5] Vgl. *Hare*, S. 95, 96.

[6] Man kann sogar sagen, für diesen einen Fall braucht man gar keine generelle Begründung. Man braucht sie aber, um Fälle dieser Art ausreichend zu begründen, was durch den Gleichheitssatz gefordert wird und um Anweisungen für die Zukunft geben zu können.

[7] Vgl. *Ecker*, S. 265 f., der darauf hinweist, daß die vom Ergebnis her begründeten Entscheidungen des Bundessozialgerichts auch nach den klassischen Auslegungsregeln fehlerfrei sind. Ebenso *Priester*, Rechtstheorie, S. 50.

teilen des BGH zu § 1 UWG, die in der Zeitschrift „GRUR", Jahrgänge 1957 bis 1972[8] abgedruckt sind, nachgesehen. Von 201 Anmerkungen stimmten die Verfasser in 138 Fällen (= etwa 69 %) dem BGH im Ergebnis und Begründung zu, in 41 Fällen (= etwa 20 %) waren sie wenigstens im Ergebnis mit der Entscheidung einverstanden und in 22 Fällen (= etwa 11 %) wurden ablehnende Stellungnahmen abgegeben. Man kann daraus den, zusätzlich durch private Erfahrungen wohl zu bestätigenden[9], Schluß ziehen: Offensichtlich kann man sich über die Ergebnisse von juristischen Entscheidungen ganz gut einigen, sogar in der Regel besser als über allgemeine Begründungssätze.

Wenn es stimmt, daß das Rechtsgefühl eine ähnliche Rolle spielt wie die Beobachtungserlebnisse in den empirischen Wissenschaften, dann müßte die Fortentwicklung auf einem Rechtsgebiet, auf dem rechtlich Vorgeordnetes durch den Gesetzgeber fehlt, ähnlich dem Fortschritt einer empirischen Wissenschaft verlaufen, nämlich induktiv[10]. Hierzu bieten sich die untersuchten Generalklauseln an. Wie ausgeführt, gibt der Ausdruck „Gute Sitten" oder „Anstandsgefühl aller billig und gerecht Denkenden" keinen Ansatzpunkt für eine einwandfreie Deduktion aus dem Gesetz, so daß man nicht sagen kann, der Gesetzgeber habe den Anwendungbereich einigermaßen genau festgelegt. Die Rechtsentwicklung liegt dann weitgehend in der Hand der Gerichte.

Das induktive Fortschreiten in der Rechtsentwicklung müßte, wenn man es an das Fortschreiten einer empirischen Wissenschaft anlehnen wollte, etwa folgendermaßen aussehen[11]:

Den Ausgangspunkt bilden Entscheidungen der Gerichte[12]. Diese werden begründet mit Sätzen, aus denen die Entscheidungssätze[13] ableitbar sind. Die Begründungssätze sind Verallgemeinerungen dessen, was das Gericht an dem entschiedenen Fall für relevant befunden hat[14]. Werden solche Begründungssätze häufiger zur Begründung von Entscheidungen

---

[8] Seit Jahrgang 1957 wurde zu fast jeder Entscheidung des BGH eine Urteilsanmerkung veröffentlicht; deswegen war eine Untersuchung zu § 1 UWG besonders ergiebig.

[9] Vgl. hierzu *Engisch*, Wahrheit, S. 10.

[10] *Engisch*, Konkretisierung, S. 234: „So etwas wie eine Induktion findet statt." *Esser*, Methodenlehre, S. 104; *Zippelius*, Wesen, S. 117; *ders.*, Methodenlehre S. 77.

[11] Nach *Bochenski*, S. 105 ff., *Popper*, Logik, S. 221, 222.

[12] Vgl. *Steindorff*, S. 64.

[13] Den Entscheidungssätzen entsprechen in den empirischen Wissenschaften Beschreibungen von einzelnen Naturphänomenen. *Bochenski*, S. 105, nennt sie Protokollaussagen.

[14] *Bochenski*, S. 106. In der BGH-Rechtsprechung werden die Begründungssätze häufig in Form von Leitsätzen formuliert. Vgl. auch *Steindorff*, S. 64.

herangezogen[15], bildet sich eine ständige Rechtsprechung; d. h. von den erarbeiteten allgemeinen Kriterien wird ausgegangen, wenn keine schwerwiegenden Gründe dagegen sprechen. Die Begründungssätze kann man weiter zusammenfassen, indem man sie zu Fallgruppen ordnet und für diese wieder nach weiteren Obergesichtspunkten sucht, d. h. nach einer Systematisierung strebt. Daraus ergibt sich eine Vielstufigkeit von Sätzen, eine Pyramide. Diese Entwicklung hat jedoch kein Ende, wenn immer wieder neue Einzelentscheidungen gefällt werden, diese neue Begründungen verlangen usw. Es bilden sich jeweils neue Fallgruppen, oder bestehende müssen modifiziert werden, so daß sich stets die Notwendigkeit anderer Systematisierungen ergibt. Kennzeichen des induktiven Vorgehens ist, daß die aufgestellten Theorien, die sich in den Systematisierungsversuchen niederschlagen, in ständiger Umwälzung begriffen sind[16], weil sich jede neue Erfahrung auf das gesamte System auswirkt, indem sie, bildlich gesprochen, von unten her auf sämtliche Stufen der Pyramide durchschlägt[17].

Läßt sich im Bereich der Gute-Sitten-Klauseln eine solche Entwicklung feststellen?

Als Demonstrationsobjekt wurde die Entwicklung der Rechtsprechung zu dem Problem der Außenseiterbindung bei der Verletzung vertikaler Preisbindungssysteme gewählt. Diese Problematik ist hierfür deswegen ganz gut geeignet, weil zur Zeit des Inkrafttretens des UWG im Jahre 1909 die Verletzung von Preisbindungssystemen als wettbewerbsrechtliches Problem unbekannt war. Dazu seien die Entscheidungen des Reichsgerichts vom 29. 3. 1906 („Sanatogen"), RGZ 63, 116 ff., und vom 16. 6. 1906 („Königs Kursbuch"), RGZ 63, 394 ff., angeführt.

— In *RGZ 63, 116*, wo der Beklagte entgegen der Preisbindungsabrede mit dem Kläger die Ware unter Rabattgewährung an die Kunden weiterverkaufte, sah das RG den Ansatzpunkt für die Beurteilung des Beklagtenverhaltens allein in der Verletzung der vom Beklagten übernommenen schuldrechtlichen Verpflichtung.

— Auch im Fall *RGZ 63, 394* versuchte das Gericht, allein mit Vorschriften des BGB eine Lösung zu erzielen. Die Sachlage war so geartet, daß der Beklagte, anders als oben, nicht selbst durch eine Preisbindungsabrede dem Kläger gegenüber verpflichtet war, sondern die Waren von einem preisgebundenen Zwischenhändler bezogen hatte. Nach der Ansicht des Gerichts war nichts Mißbilligenswertes darin zu erblicken, daß der Beklagte die Waren unter dem

[15] Man kann dies als eine Bestätigung der in den Begründungssätzen liegenden Werthypothesen ansehen. Vgl. *Hassemer*, S. 52.

[16] *Popper*, Logik, S. 41.

[17] *Popper*, Logik, S. 44 ff.

vom Hersteller festgesetzten Ladenpreis verkauft hatte, weil die zwischen Hersteller und Zwischenhändler vereinbarte Preisbindungsabrede nicht für Dritte gelte (argumentum e contrario aus § 137 S. 2 BGB), diesem also das Recht zur freien Preisgestaltung verbleibe. Ein unrechtmäßiger Erwerb durch arglistige Maßnahmen im Sinne des § 826 BGB war nicht festzustellen.

Dies wurde in RG MuW 1909/1910, 231 ausdrücklich bestätigt[18]. Zur Zeit des Inkrafttretens des UWG (7. Juni 1909) hatte somit die Rechtsprechung folgende Kriterien parat, mit denen sie den Problembereich der Verletzung von Preisbindungsabreden anpackte. Sie unterschied zwei Fallgruppen:

(I) Verletzung der Preisbindung durch einen gebundenen Händler. Als rechtliche Beurteilungsgesichtspunkte standen die BGB-Regeln für Vertragsverletzungen zur Verfügung, die dem Hersteller Ansprüche auf Einhaltung der Preisabsprachen, Schadensersatz oder ggf. auf Zahlung einer Konventionalstrafe gewährten.

(II) Verletzung der Preisbindung durch einen nicht gebundenen Außenseiter. Da das BGB-Vertragsrecht keinen Ansatzpunkt für ein Vorgehen des Herstellers gegen den unterbietenden Außenseiter gab, waren Preisunterbietungen erlaubt, es sei denn, der Außenseiter hatte die Waren auf unrechtmäßige Art oder durch arglistige Maßnahmen erworben (§ 826 BGB). Kriterien, wann ein unrechtmäßiger oder arglistiger Erwerb vorliegen sollte, wurden jedoch nicht genannt.

— Mit solchen Kriterien beschäftigte sich die nächste Entscheidung des RG zu Fallgruppe (II) in *RGZ 88, 9 ff.* vom 11. 1. 1916 („Salem Gold"). Die nicht an die Preisabrede gebundene Beklagte hatte die Waren von einem ebenfalls nicht gebundenen Zwischenhändler bezogen und unter dem Festpreis weiterkauft. Die Entscheidung erging zu § 1 UWG. Ihr können im wesentlichen zwei Begründungssätze entnommen werden.

II (1) Wer im geschäftlichen Verkehr zu Zwecken des Wettbewerbs einen durch eine Preisbindungsaberede gebundenen Zwischen-

---

[18] Zwei Gründe mögen dafür verantwortlich gewesen sein, daß wettbewerbsrechtliche Gesichtspunkte keine Rolle spielten. Einmal die Scheu des RG, die Gewerbefreiheit einzuschränken (vgl. *Baumbach / Hefermehl*, UWG, Einl. 13). Zum anderen die noch geringe Verbreitung von Preisbindungssystemen und die relative Enge und Begrenztheit der Märkte (*Mellerowicz*, S. 5), so daß die Auswirkungen solcher Systeme auf die Wettbewerbsordnung noch nicht so auffällig ins Blickfeld traten und somit noch als individualrechtliche Probleme zwischen den Partnern von Preisbindungsabreden aufgefaßt werden konnten.

händler bewußt veranlaßt, ihm Waren unter dem festgesetzten Mindestpreis zu verkaufen, kann[19] auf Unterlassung und Schadensersatz in Anspruch genommen werden[20].

II (2) Wer im geschäftlichen Verkehr zu Zwecken des Wettbewerbs einen mit Preisangabe versehenen Markenartikel erwirbt, der auf dem Wege eines Vertragsbruchs erlangt ist, und diesen Vertragsbruch planmäßig zu seinem Vorteil und zur Schädigung der gebundenen und vertragstreuen Mitbewerber ausnutzt und von diesem Vertragsbruch weiß oder bedingten Vorsatz hat, kann auf Unterlassung und Schadensersatz in Anspruch genommen werden[21].

Auf S. 12 führte das RG noch aus: „Voraussetzung für den Unterlassungsanspruch wäre immer, daß das von der Klägerin eingeführte Reverssystem lückenlos durchgeführt wäre." Was dies zu bedeuten hat, ist nicht klar. Offensichtlich sollte die Lückenlosigkeit des Reverssystems keine zusätzliche Voraussetzung neben den in Tatbestand (2) genannten Merkmalen sein. Das ergibt sich aus dem Zusammenhang der Entscheidung. Diese Ausführungen kann man in dreierlei Weise deuten, einmal als Erläuterung für das Merkmal „durch Vertragsbruch erlangt" oder als Beweisvermutungen. Je nachdem wie dieser Satz aufgefaßt werden kann, müßte den obigen Tatbeständen eine der folgenden Formulierungen zur Seite gestellt werden:

II (2.1) Ein unter dem Festpreis erworbener Markenartikel wird auf dem Wege eines Vertragsbruchs erlangt, wenn ein vom Hersteller eingeführtes Reverssystem[22] lückenlos durchgeführt ist.

(2.1') Wenn ein vom Hersteller eingeführtes Reverssystem lückenlos durchgeführt ist, dann ist zu vermuten, daß ein unter dem Festpreis erworbener Markenartikel auf dem Wege eines Vertragsbruchs erlangt ist.

(2.1") Wenn ein vom Hersteller eingeführtes Reverssystem lückenlos durchgeführt ist, dann ist zu vermuten, daß der-

---

[19] Die Frage der Aktivlegitimation bleibt ausgeklammert.

[20] Siehe RGZ 88, S. 11, 2. Abs.

[21] Dieser Tatbestand ist etwas schwieriger zu rekonstruieren. Siehe RGZ 88, S. 11, 3. Abs. und S. 13, 2. Abs.

[22] Reverssystem: Reverse sind Verpflichtungsscheine, bei denen sich die Abnehmer des Herstellers verpflichten, beim Weiterverkauf den vorgeschriebenen Festpreis einzuhalten und die Ware nur unter Auferlegung entsprechender Pflichten an Wiederverkäufer abzugeben. RGZ 88, 9 und *Baumbach / Hefermehl*, § 1, 524. Diese Definition von „Revers" ist als Satz (2.2) oder (2.2') oder (2.2") hinzuzufügen.

jenige, der eine Markenware unter dem Festpreis erwirbt, Kenntnis oder mindestens bedingt Kenntnis davon hat, daß die Ware auf dem Wege eines Vertragsbruchs erlangt ist.

Wenn man die vor dem Inkrafttreten des UWG entwickelten Kriterien als ein System zur Beurteilung der Preisbindungsfälle bezeichnen will, kann man nach Veröffentlichung der Entscheidung RGZ 88, 9 ff. konstatieren, daß dieses System in Fallgruppe (II) um zwei wettbewerbsrechtliche Regeln[23] erweitert wurde, wozu noch einer der Sätze (2.1) zu zählen wäre.

— In *MuW 1929, 62 ff. („Duden")* bestätigte das RG am 26. 11. 1928 den Tatbestand (2) zwar verbal, brachte aber eine Modifikation, die zu einer Umformulierung von (2) zwingt.

II (2.0.1) Wer im geschäftlichen Verkehr zu Zwecken des Wettbewerbs einen mit Preisangabe versehenen Markenartikel unter dem Festpreis verkauft, der auf dem Wege eines Vertragsbruchs erlangt ist, und diesen Vertragsbruch planmäßig zu seinem Vorteil und zur Schädigung der gebundenen und vertragstreuen Mitbewerber ausnutzt und von diesem Vertragsbruch weiß oder bedingten Vorsatz hat, kann auf Unterlassung und Schadensersatz in Anspruch genommen werden.

Die Betonung des Verkaufs gegenüber des Erwerbs der preisgebundenen Ware kann man aus den Ausführungen auf Seite 64, linke Spalte, ersehen. Auch welche Rolle die Lückenlosigkeit im Rahmen des Tatbestandes (2) spielt, läßt sich aus diesem Urteil deutlicher erkennen. Offensichtlich wollte das RG die Frage nach der Lückenlosigkeit im Sinne von (2.1) verstanden wissen[24], wobei allerdings gleichzeitig eine Einschränkung gemacht wurde[25].

II (2.1.1) Ein mit Preisangabe versehener Markenartikel wird auf dem Wege eines Vertragsbruchs erlangt, wenn ein vom Hersteller eingeführtes Reverssystem lückenlos ist, es sei denn der Markenartikel ist aus einer Konkursmasse oder einer Zwangsversteigerung erworben.

---

[23] Wettbewerbsrechtlich deswegen, weil, anders als in RGZ 63, 400, wo offensichtlich eher an Fälle des betrügerischen Erwerbs von Markenwaren gedacht war (*Baumbach / Hefermehl*, UWG, § 1, 587), auf die Auswirkungen des Unterbietens von gebundenen Preisen auf die allgemeine Wettbewerbslage eingegangen wird (RGZ 88, S. 11 unten).

[24] Folgende Formulierung auf S. 64, rechte Spalte oben: „Auch die Rüge, daß von einer sittenwidrigen Ausnutzung fremden Vertragsbruchs dann nicht die Rede sein könnte . . ."

[25] RG MuW 1929, S. 64, linke Spalte Mitte.

— Dieser Satz erwies sich in der nächsten Entscheidung, *RG MuW 1929, 588 („Effka-Margarine I")* vom 5. 7. 1929, bereits wieder als zu eng. Der Kläger hatte nämlich kein Reverssystem eingeführt, sondern eine lückenlose Preisbindung auf die Weise zu erreichen versucht, indem er jede Rechnung mit einem roten Zettel („Rotzettelsystem") versah, wonach sich der Empfänger durch Übernahme verpflichtete, auch für künftige Lieferungen die Margarine nur an Verbraucher, nicht an Wiederverkäufer und nicht unter dem festgesetzten Ladenpreis abzugeben[26]. Satz (2.1.1) mußte daher so verallgemeinert werden, daß auch andere Systeme, wie das Rotzettelsystem o. ä.[27], darunter fallen.

II (2.1.2) Ein durch Preisangabe versehener Markenartikel wird auf dem Wege eines Vertragsbruchs erlangt, wenn ein vom Hersteller eingeführtes Preisbindungssystem[28] lückenlos ist, es sei denn der Markenartikel ist aus einer Konkursmasse oder Zwangsversteigerung erworben.

Im übrigen befaßte sich das Gericht, wie *RGZ 133, 333 ff. („Asbach-Uralt")* vom 6. 10. 1931, mit der Frage, was unter „Lückenlosigkeit" näher zu verstehen sei. Dazu stellte es fest, daß es auf die — mindestens theoretische — Bindung der Abnehmer der Klägerin ankomme.

Man kann aufgrund der beiden Entscheidungen einen weiteren Hilfssatz hinzufügen, der den Ausdruck „lückenlos" näher erläutert.

II (2.3) Ein Preisbindungssystem ist dann lückenlos, wenn es theoretisch und tatsächlich lückenlos ist[29].

Damit ist aber der Ausdruck „lückenlos" mit sich selber erklärt worden. Man wird anders formulieren müssen:

II (2.3.1) Ein Preisbindungssystems ist dann lückenlos, wenn alle Abnehmer des Preisbinders schuldrechtlich an die Einhaltung des Festpreises gebunden sind und sich tatsächlich an die Bindung halten.

— In *RGZ 133, 51 ff. („Continental-Reifen")* vom 22. 5. 1931 ging es um einen Fall aus Fallgruppe (I). Der preisunterbietende Beklagte war dem Kläger gegenüber durch Revers zur Einhaltung des Festpreises

---

[26] RG MuW 1929, 588 re. Sp.

[27] Eine ähnliche Erweiterung bringt auch RGZ 133, 331 ff. (S. 337 oben). Sie wird daher zusammen mit RG MuW 1929, 588 behandelt.

[28] Das Reverssystem und das Rotzettelsystem sind jetzt Standardbeispiele für den Ausdruck „Preisbindungssystem".

[29] Ähnlich RGZ 133, 336: „Lückenlos aufgebaut und so durchgeführt". Siehe auch S. 337, letzter Satz des 1. Absatzes und S. 341, 1. Satz.

verpflichtet. Gegenüber RGZ 63, 116 („Sanatogen"), wo der Beklagte wegen Vertragsverletzung verurteilt worden war, bot dieser Fall Anlaß für das RG, einige Einschränkungen zu machen.

I (1) Ein Händler, der sich seinem Lieferanten gegenüber verpflichtet hat, bei Verkauf einen bestimmten Brutto-Listenpreis einzuhalten, kann von dem Lieferanten auf Unterlassung der Preisunterbietung in Anspruch genommen werden[30] (§ 241 S. 2 BGB), es sei denn der Lieferant hat nicht das seinerseits Erforderliche getan, um die durch den Preisschutz bezweckte Gleichmäßigkeit der Kleinverkaufspreise wirklich durchzusetzen[31].

— *RGZ 136, 65 ff. („Effka-Margarine II")* vom 5. 4. 1932 befaßte sich wieder mit Preisunterbietungen durch einen Außenseiter. Bestätigt wurde Satz II (2.3.1). Deutlich[32]: „Will sie (die Klägerin) gegen ihn (den Beklagten) als Außenseiter vorgehen, dann muß sie ihr Preisbindungssystem so aufbauen und handhaben, daß es — von einzelnen unvermeidlichen Fehlschlägen abgesehen — ihre Abnehmer wirklich theoretisch und praktisch insgesamt erfaßt". Diese Forderung erfüllte das Preisbindungssystem der Klägerin jedoch nicht. Dennoch war ihre Klage erfolgreich, obwohl der Sachverhalt weder unter den Tatbestand II (1) noch II (2) zu subsumieren war. Einen Sittenverstoß des Beklagten sah aber das RG darin, daß er sich Ware auf Schleichwegen, d. h. auf betrügerische Weise, verschafft hatte. Um dieses Kriterium muß also das bisherige System der Außenseiterbindung erweitert werden.

II (3) Ein Außenseiter, der im geschäftlichen Verkehr zu Zwekken des Wettbewerbs sich eine preisgebundene Markenware auf Schleichwegen verschafft und sie unter dem Festpreis weiterverkauft, kann auf Unterlassung und Schadensersatz in Anspruch genommen werden.

Dem kann man hinzufügen:

II (3.1) Ein Fall des Schleichbezugs liegt vor. wenn ein Außenseiter, der vom Bezug der preisgebundenen Ware ausgeschlossen ist, unter Täuschung über den geplanten Verbleib der Ware durch Vorschieben eines Mittelsmannes sich die Ware von einem gebundenen Händler verschafft[33].

— *RGZ 148, 364 ff. („4711, Eau de Cologne")* v. 11. 10. 35 hatte sich mit folgendem Fall zu befassen: Die Herstellerin der 4711-Erzeugnisse

---

[30] RGZ 113, S. 62.

[31] RGZ 133, 61.

[32] RGZ 136, 72.

[33] Das ist keine Definition, sondern ein Standardbeispiel.

belieferte ausschließlich Einzelhändler, die einen Revers unterschrieben hatten, daß sie nur an Verbraucher und nur zu Festpreisen verkaufen werden. Der Beklagte war Großhändler und damit nicht zum Bezug der Ware berechtigt. Um Kunden, die auf diese Markenerzeugnisse Wert legten, nicht zu verlieren, besorgte er sich durch einen Mittelsmann von einem Kunden der Klägerin 4711-Erzeugnisse in Hamburg und verkaufte sie in Berlin zu dem Festpreis.

Ein Fall des Schleichbezugs lag nicht vor, da der Beklagte keine Täuschung anwandte, um die Ware in Hamburg zu beziehen[34]. Auch unter den Tatbestand „Ausnutzen fremden Vertragsbruchs“ (2.0.1) war dieser Fall nicht zu bringen, da der Beklagte nicht unter dem Festpreis verkaufte[35]. Dennoch gab das Reichsgericht der Klage statt, was es mit der Anwendung des Tatbestandes II (1) begründete[36]. Vergleicht man aber den Tatbestand II (1) mit diesem Sachverhalt, so zeigt sich, daß der aus RGZ 88, 11 rekonstruierte Satz zu einer solchen Begründung nicht ausreicht. Um das vom RG gewünschte Ergebnis begründen zu können, mußte der Tatbestand so erweitert werden, daß auch dieser Fall darunterfällt.

II (1.0.1) Wer im geschäftlichen Verkehr zu Zwecken des Wettbewerbs einen durch eine Preisbindungs- oder Vertriebsbindungsabrede[37] gebundenen Händler bewußt veranlaßt, ihm Waren unter dem festgesetzten Mindestpreis oder entgegen der Vertriebsbindungsabrede zu verkaufen, kann auf Unterlassung und Schadenersatz in Anspruch genommen werden.

Mit RGZ 148, 364 ff. wollen wir die Darstellung der Entwicklung in der Rechtsprechung des RG abbrechen. In einer ganzen Reihe von Urteilen entwickelte das RG ein System von rechtlichen Regeln, Bedeutungspostulaten und Definitionen, um das Problem der vertikalen Preisbindung zu lösen.

Das wettbewerbsrechtliche System stellte sich schließlich so dar:

Fallgruppe (I) Tatbestand (1)
Fallgruppe (II) Tatbestand (1) → (1.0.1)
„Veranlassung zum Vertragsbruch“
Tatbestand (2) → (2.0.1)
„Ausnutzung fremden Vertragsbruchs“

---

[34] RGZ 148, S. 366, 367.

[35] RGZ 148, S. 367, 2. Abs. und S. 368.

[36] RGZ 148, S. 369.

[37] Vertriebsbindungsabrede: Hier verpflichtet sich der Abnehmer, die Ware nur in bestimmter Weise, z. B. nur an Fachgeschäfte oder nicht an ambulante Händler weiterzuvertreiben. Vgl. *Baumbach / Hefermehl,* UWG, § 1, 601.

dazu: (2.1) → (2.1.1) → (2.1.2)
(2.2)
(2.3) → (2.3.1)
Tatbestand (3)
„Schleichbezug“
dazu: (3.1)

Wie die Untersuchung gezeigt hat, kann keine Rede davon sein, daß das Reichsgericht dieses System aus irgendwelchen vorgegebenen Prinzipien deduktiv entwickelt hat. Es ist deutlich zum Ausdruck gekommen, daß das Gericht eher tastend vorwärtsschritt, indem es Kriterien als relevant ansah, die sich manchmal schon in der nächsten Entscheidung als zu eng oder zu weit erwiesen haben. Der Anstoß, die jeweils akzeptierten Kriterien zu modifizieren, kam von konkreten Einsichten. Am klarsten kann man das beim Übergang von Satz II (2.1.1) zu (2.1.2) sehen. Vor RG MuW 1929, 588 war immer nur von Reverssystemen die Rede — andere Preisbindungssysteme waren wohl noch nicht aufgetaucht. Unter die vor dieser Entscheidung entwickelten Kriterien hätte der Sachverhalt mit dem Rotzettelsystem nicht subsumiert werden können. Das Verhalten des Beklagten, der als Außenseiter in das Rotzettelsystem einbrach, hätte als nicht sittenwidrig gelten müssen. Ein Ergebnis, das nicht akzeptabel gewesen wäre. Daher mußte das RG Satz (2.1.1) zu Satz (2.1.2) erweitern, um diese ungleiche Behandlung zu vermeiden.

Mit der Darstellung der Rechtsentwicklung zu diesem Problem, die unsere Annahme bestätigte, daß die Rechtsentwicklung ähnlich dem Fortschritt einer empirischen Wissenschaft verläuft, glauben wir, ein starkes Argument dafür geliefert zu haben, daß es aussichtsreich ist, allgemeine Werturteile mit Hilfe von konkreten Einsichten zu überprüfen.

b) Die Diskussion von Werthypothesen

Habe ich z. B. das allgemeine Prinzip: „Verträge sind zu halten“, und werde ich mit einem Fall konfrontiert, bei dem ich spontan anders werte, als es das Prinzip verlangt, dann stehe ich vor zwei logisch gleichwertigen Alternativen. Entweder wird das Prinzip umformuliert, etwa zu: „Verträge sind zu halten, es sei denn, es handelt sich um solche, bei denen die Freiheit des einen Vertragspartners übermäßig eingeschränkt wird“, oder aber man sagt: „Knebelungsverträge sind keine Verträge“[38]. In der Jurisprudenz ist dies eine ganz gängige Er-

[38] Diese Alternative zu wählen, wäre in diesem Beispiel jedoch die mit Abstand unzweckmäßigste, da dann die Frage, ob überhaupt ein Vertrag vorliegt, mit den schwierigen Problemen der Sittenwidrigkeit belastet wäre. Vgl. die Diskussion desselben Problems in empirischen Wissenschaften bei *v. Kutschera*, Sprachphilosophie, S. 199 ff.

scheinung, was auch die Darstellung der Rechtsprechung zur Außenseiterbehandlung bei der Preisbindung für Markenwaren gezeigt hat. Immer wieder ist es erforderlich, einen allgemeinen Grundsatz einzuschränken oder sonst zu modifizieren und ihn dadurch denjenigen Einsichten anzupassen, die sich in den konkreten Situationen erschließen[39].

Im Gegensatz zu der Auffassung von *Zippelius*[40] sind wir jedoch nicht der Meinung, daß ein solches Vorgehen einen Unterschied zu der naturwissenschaftlichen Methode ausmacht. Auch in den empirischen Wissenschaften führt ein falsifizierendes Experiment nicht immer sofort zu einer völligen Verwerfung einer anderweitig bewährten Hypothese[41]. Daß eine völlige Eliminierung einer Theorie oft nicht sinnvoll ist, ergibt sich daraus, daß es häufig möglich ist, eine Theorie bei nur geringfügigen Veränderungen wahrzumachen. Angenommen, man hat keine alternativen Theorien zur Hand, und aus der gegebenen Theorie lassen sich wenigstens einige wahre Folgerungen ziehen, so wird man diese Theorie nicht ohne weiteres fallen lassen. Selbst wenn sie teilweise falsch ist, vermittelt sie uns doch wenigstens ein geringes Wissen über die Realität. Eine Eliminierung dieser Theorie würde dazu führen, daß wir dieses Wissen auch noch preisgeben würden. Vereinfacht gesagt: Es ist besser, wenig zu wissen als überhaupt nichts zu wissen. Erst wenn die Modifikationen und Ausnahmen die Theorien zu überwuchern drohen, wird man daran gehen, eine teilweise bewährte Theorie durch andere zu ersetzen[42]. Die Falsifizierung einer Theorie hilft nur dann weiter, wenn eine Alternative zur Verfügung steht. Mehrere miteinander konkurrierende Annahmen bilden das Angebot, aus dem diejenige überlebt, welche die Überprüfung am besten übersteht, und zwar auch dann, wenn Argumente gegen sie bestehen bleiben. Das gilt besonders in den Fällen, wo ein dringender Bedarf an einem Ergebnis besteht, wie in der juristischen Praxis, wo die Richter unter einem Entscheidungszwang stehen. Wesentlich ist also nicht, daß eine Hypothese frei von Zweifeln ist, sondern daß sie unter den vorgeschlagenen Lösungen am sichersten dasteht. Die Bestätigung einer Hypothese besteht in ihrem Sieg über Konkurrenten und ist daher nicht nur von den bei der Überprüfung gebrachten Argumenten abhängig, sondern auch davon, gegenüber welchen Konkurrenten sie zu bestehen hatte[43].

Daß Juristen eher geneigt sind, ihre allgemeinen Grundsätze zu modifizieren oder einzuschränken, als sie zu verwerfen, wenn sich dem

---

[39] So *Zippelius*, Wesen, S. 171.

[40] *Zippelius*, Wesen, S. 171.

[41] *Popper*, Logik, S. 26.

[42] *Bochenski*, S. 106; *Kriele*, Rechtsgewinnung, S. 47.

[43] *V. Savigny*, Stichwort: Wissenschaftstheorie, S. 742.

Prinzip widersprechende Anwendungsfälle finden, hängt wohl mehr mit ihrem Selbstverständnis als autoritativ an gesetzliche Regeln gebundene Rechtsanwender zusammen. Statt von einer laufenden Überprüfung des Rechts durch die Rechtsprechung spricht man von einem sich wandelnden Verständnis oder von einem Bedeutungswandel juristischer Prinzipien. Das bedeutet aber keine Verschiedenheit im Vorgehen, vielmehr kann man beide Rekonstruktionen ineinander übersetzen[44]. Dazu kommt der Entscheidungszwang, unter dem jeder praktische Jurist steht. Da es fast unmöglich ist, in der den Richtern zur Verfügung stehenden Zeit sich eine Theorie auszudenken, die mit den bisher anerkannten Ergebnissen und dem für den neuen Fall von ihnen gewünschten Ergebnis übereinstimmt, zudem eine bessere und fruchtbarere Systematisierung der berührten Probleme leistet, müssen sie in der Regel mit den vorgegebenen Lösungsmöglichkeiten auskommen.

Ein gewisser Unterschied bei der Diskussion um Werthypothesen gegenüber der um empirische Hypothesen besteht aber doch. Anstelle einer Kontrolle von allgemeinen Werturteilen durch Einzelwerturteile, die aus ihnen ableitbar sind, findet auch das Umgekehrte statt. Oft wertet man bei der Schilderung eines Falles spontan in einer bestimmten Weise und ändert später wieder seine Meinung, wenn man genauer nachgedacht hat, weil einem ein entgegenstehendes Prinzip eingefallen ist. Hier hat sich das Prinzip gegen den ersten Eindruck durchgesetzt[45]. Das liegt an der mangelnden Sicherheit, mit der man in der Regel Werturteile fällt. Ein Beispiel hierfür werden wir wenig später diskutieren. *E. v. Savigny* hat nachgewiesen, daß dies kein Grund ist, von der Vorstellung abzuweichen, Werturteile seien wie empirische Sätze zu überprüfen: „Gelten ethische Prinzipien, weil sie evident sind, so ist gegen ihre Verwendung als Argumente in der Diskussion nichts einzuwenden, soweit sie sich tatsächlich durchsetzen; und soweit sie sich nicht durchsetzen, fungieren sie wie versuchsweise formulierte Hypothesen, die man als Argumente wie in naturwissenschaftlichen Diskussionen benutzt; ihre Verwendung ist daher erst recht wissenschaftstheoretisch adäquat[46]." Ist ein Werturteil von bestimmter Allgemeinheitsstufe einer direkten Bewertung zugänglich, so kann es als Basissatz für die Überprüfung anderer, mit ihm logisch zusammenhängender Sätze dienen[47].

Dieser Unterschied schrumpft aber auf einen nur graduellen zusammen, wenn man auf Parallelerscheinungen in empirischen Wissenschaften verweist. Bestimmte Beobachtungen von einzelnen Naturphäno-

---

[44] V. Savigny, Überprüfbarkeit, S. 84, 85.

[45] Vgl. die Diskussion bei *v. Savigny*, Überprüfbarkeit, S. 33 ff.

[46] *V. Savigny*, Überprüfbarkeit, S. 37.

[47] *Priester*, L'art pour l'art, S. 41.

menen (Fliegende Untertassen, telepathische Erscheinungen usw.) werden einfach nicht als Basissätze anerkannt, weil sie nicht in unser Weltbild passen[48]. Berichte von solchen Erscheinungen werden wir entweder als Sinnestäuschung oder Schwindel interpretieren oder nur als unerklärbar ansehen.

Aus der Tatsache, daß sich zuweilen Werturteile höherer Allgemeinheitsstufe gegen Werturteile niederer Stufe durchsetzen, resultiert möglicherweise die immer noch festzustellende Tendenz, die juristischen Sätze aus wenigen evidenten Rechtssätzen ableiten zu wollen. Wie aber die Darstellung der Rechtsprechung zu der Verletzung von Preisbindungssystemen gezeigt hat, ist ein solches rein deduktives Vorgehen so illusorisch wie in den Naturwissenschaften[49].

Wenn man die vom BGH zur Begründung der Entscheidungen zu den genannten Generalklauseln wahlweise herangezogenen Möglichkeiten als Werthypothesen interpretiert, ist es ziemlich plausibel, warum sich einmal Maßstäbe des positiven Rechts gegen kollektive Wertvorstellungen und soziale Normen durchsetzen können und umgekehrt. Es ist auch verständlich, warum man den BGH nicht auf eine dieser Möglichkeiten festlegen kann, weil man eben von vornherein nicht alle möglichen Konfliktsituationen voraussehen kann. Daher kann man von vornherein nicht sagen, welche der möglicherweise in Betracht kommenden Arten von Maßstäben die das Rechtsgefühl am meisten befriedigenden Ergebnisse bringen werden. Mit der hier vertretenen Auffassung läßt sich einleuchtend erklären, wie sich die Rezeption oder Transformation außerrechtlicher Maßstäbe in das Recht im Rahmen der Anstandsformel vollzieht. Man hat das Problem häufig mit metaphorischen Wendungen verdeckt, etwa wie: „Es dringen nur gewisse Ausstrahlungen der Moral ins Recht ein; die Strahlen werden gleichsam im Medium des Rechts gebrochen[50].“ Soziale Normen oder kollektive Wertvorstellungen werden dann über die Anstandsformel ins Recht transformiert, wenn es sich als gerecht erweist, daß die aus den berücksichtigten Maßstäben ableitbaren Anwendungsfälle mit den in den §§ 138 I BGB, 826 BGB und 1 UWG angegebenen Rechtsfolgen belegt werden[51]. Genau dasselbe gilt, wenn Maßstäbe aus anderen Gebieten des positiven Rechts für die Konkretisierung der Anstandsformel herangezogen werden. Aus der Verschiedenheit der jeweiligen Rechtsfolgen in den betreffenden Gene-

48 Vgl. *v. Kutschera*, Wissenschaftstheorie, Bd. 2, S. 501; *Popper*, Logik, S. 19, Anm. 6; *Priester*, L'art pour l'art, S. 41; ein gutes Beispiel findet sich auch bei *Hempel*, S. 59.

49 *Hare*, S. 61.

50 So *Schricker*, S. 212.

51 Den ganz wichtigen Hinweis, daß für die Frage, welcher Maßstab gewählt wird, die Rechtsfolge des jeweiligen Paragraphen von entscheidender Bedeutung ist, betont auch *Schricker*, S. 213.

ralklauseln resultiert auch die Verschiedenheit der jeweils für die Anwendung der Anstandsformel benutzten Maßstäbe. So ist es nicht verwunderlich, daß es bei der Anwendung eines Maßstabes, bei dem es sich als gerecht erweist, die von ihm abqualifizierten Verhaltensweisen mit der Schadenersatzfolge des § 826 BGB zu belegen, sich nicht auch als gerechtfertigt erweisen muß, die aus ihm ableitbaren Verhaltensweisen, sofern sie sich auf den wirtschaftlichen Wettbewerb beziehen, mit den Rechtsfolgen des § 1 UWG zu belegen oder umgekehrt[52], da dieselben Maßstäbe auf den jeweiligen Anwendungsgebieten andere Folgen haben können.

Die hier vertretene Auffassung, die zur Ausfüllung der Anstandsformel verwendeten Maßstäbe als Werthypothesen zu deuten, die man anhand ihrer Konsequenzen überprüfen solle, ist in der juristischen Methodendiskussion nicht neu. *Kriele*[53] führt z. B. aus: „Schon der Bericht eines Falles und die Suche nach Präjudizien macht mindestens in allen rechtlich problematischen Fällen die vernunftrechtliche Bildung und Erwägung von Normhypothesen nötig." Ähnlich Esser: „Die richterliche Überzeugung kommt in erster Linie nach dem Muster von ‚trial and error'[54] zustande, durch Durchprobieren hypothetischer Lösungsversuche[55]."

6. Regeln zur Überprüfung von Werthypothesen

Nachdem bisher dafür plädiert wurde, die zur Ausfüllung der Anstandsformel verwendbaren Maßstäbe als Werthypothesen aufzufassen und analog empirischen Hypothesen zu diskutieren, soll jetzt näher dargelegt werden, wie diese Diskussion geführt werden sollte.

Jede rechtliche Entscheidung durch ein Gericht muß begründet werden[1]. Dies geschieht durch Aufstellung eines allgemeinen Satzes, aus dem der die Entscheidung aussprechende Satz ableitbar ist. Ein allgemeiner Satz als Begründungssatz ist nötig, weil nur in allgemeiner Form angegeben werden kann, worin der entschiedene Sachverhalt mit anderen Sachverhalten vergleichbar ist und worin er sich unterscheidet,

---

[52] Die Unterschiede in der Auslegung der Anstandsformel in den genannten Generalklauseln trotz gleichen Wortlauts betonen: *Baumbach / Hefermehl*, UWG, Einleitung 61; *Schricker*, S. 185.

[53] Rechtsgewinnung, S. 313, Ziff. 14.

[54] Vorverständnis, S. 26 und S. 154, wo er wegen der „Trial-and-error-Methode" auf *Popper*, Dialektik, S. 262 ff., verweist. Die Trial-and-error-Methode ist nichts anderes als die Forderung nach Aufstellung von Hypothesen und Überprüfung derer anhand der von ihnen abgeleiteten Folgen. Vgl. auch *Popper*, Sozialwissenschaften, S. 235.

[55] *Esser*, Vorverständnis, S. 31, 32; ähnlich *Callies*, S. 163 f.

[1] *Baumbach / Hefermehl*, UWG, Einleitung 116.

was durch den Gleichheitssatz gefordert wird[2]. Man braucht einen solchen Satz auch, um sich in der Zukunft orientieren zu können[3].

Bei einer Begründung aus dem Gesetz müßte der Begründungssatz einer der in den §§ 138 I, 826 BGB oder 1 UWG ausgedrückten Rechtssätze sein. Da aber diese Paragraphen nicht den Anforderungen entsprechen, die man an einen Obersatz einer korrekten deduktiven Begründung zu stellen hat, muß der Begründungssatz daher etwa wie die Tatbestände (a) bis (i) aussehen. Die Erwähnung der Anstandsformel ist daneben überflüssig[4] und sollte vermieden werden[5], weil wegen ihrer Leerheit nicht gesagt werden kann, ob der Entscheidungssatz aus ihr ableitbar ist.

Regel (1) für eine korrekte Begründung im Rahmen der Anstandsformel lautet daher:

> Der BGH soll zur Begründung einen allgemeinen Satz, ähnlich den Tatbeständen (a) bis (i) verwenden oder aufstellen, aus dem der Entscheidungssatz ableitbar ist.

Da aber die Maßstäbe zur Ausfüllung der Anstandsformel nicht feststehen, besteht die Notwendigkeit einer gesonderten Rechtfertigung des Begründungssatzes. Diese besteht in der Überprüfung des in dem Begründungssatz behaupteten allgemeinen Werturteils.

a) Konfrontation mit alternativen Werthypothesen

Wenn sich der BGH zur Wahl eines Maßstabes entschließt und ihn zur Begründung seiner Entscheidung heranzieht, dann transformiert er ihn in das geltende Recht. Da das geltende Recht nicht eine wahllose Anhäufung von Sätzen, sondern ein System von aufeinander bezogenen Sätzen und Prinzipien ist, muß der in Betracht gezogene Maßstab mit den Sätzen unserer Rechtsordnung in Beziehung gesetzt und das logische Verhältnis zwischen ihm und den anderen Sätzen festgestellt werden.

Widerspricht er z. B. einem bewährten Rechtsprinzip, so daß der Widerspruch nur zugunsten eines der beiden Sätze gelöst werden kann, dann sind Zweifel an der Richtigkeit der neuen Hypothese angebracht. Ähnlich ist es, wenn bei Einführung eines neuen Prinzips ein anderweitig bewährtes Prinzip modifiziert werden müßte. Das Vorhandensein von gänzlich oder teilweise widersprechenden Prinzipien stellt aber nur die Möglichkeit der Kritik der neuen Hypothese dar, da sich ja nicht

[2] Siehe *Hoerster*, Utilitaristische Ethik, S. 56 ff.

[3] *Hare*, S. 85, 86.

[4] Diese Ansicht vertritt auch *Arzt*, S. 104.

[5] Die Durchsicht der Entscheidungen des BGH hat auch deutlich gezeigt, daß der BGH in den meisten Fällen auf sie verzichten konnte.

immer das vorhandene Prinzip durchsetzt; das Vorhandensein widersprechender und bewährter Rechtsgrundsätze ist daher nur ein Hinweis, daß mit der neuen Hypothese möglicherweise irgendetwas nicht in Ordnung ist. Der Richter wird aber gezwungen, sich sowohl mit dem alten als auch mit dem neuen Prinzip auseinanderzusetzen. Man kann sich vorstellen, daß dies für die Lösung der Probleme positive Konsequenzen haben wird. Geht der Widerspruch zugunsten des vorhandenen Grundsatzes aus, dann hat sich dieser ein weiteres Mal bewährt; wenn nicht, dann haben wir eine neue Erkenntnis gewonnen.

Die Notwendigkeit der Kontrolle anhand des Rechtssystems — *Esser* nennt sie „Stimmigkeitskontrolle“[6] — besteht nicht nur, wenn außerrechtliche Maßstäbe benutzt werden sollen, sondern auch, wenn Maßstäbe aus dem positiven Recht im Rahmen der Anstandsformel diskutiert werden. Die Übertragung eines in irgendeinem Gesetz positivierten Rechtsgedankens auf das Gebiet des Wettbewerbs (§ 1 UWG) z. B. kann durchaus dazu führen, daß sich durch die erweiternde Anwendung des Rechtsgedankens ein Widerspruch zu anderen Rechtsprinzipien auftut. Man spricht dann oft von widerstreitenden Interessen, die abgewogen werden müssen. So kollidierte z. B. in BGHZ 50, 1 ff. („Pelzversand“) das Informationsinteresse der Öffentlichkeit durch die Presse — d. h. es wurde ein sich aus dem positiven Recht (Art. 5 GG) ergebender Maßstab diskutiert — mit dem Rechtsprinzip der wirtschaftlichen Handlungsfreiheit, das dem betreffenden Gewerbetreibenden die Möglichkeit einräumt, seine gewerbliche Tätigkeit möglichst ungestört auszuüben (Art. 2 I GG, § 1 GewO).

Da aber ein Konflikt zwischen einer neuen Werthypothese und einem vorhandenen Prinzip durch logischen Vergleich nicht zu lösen ist, muß die Überprüfung der neuen Hypothese durch weitere Verfahren ergänzt werden.

b) Konfrontation mit wirklichen oder erdachten Fällen

Dieses Verfahren besteht darin festzustellen, ob die neue Hypothese gerechte Ergebnisse bringt oder wenn alternative Prinzipien oder Hypothesen vorhanden sind, gerechtere Ergebnisse bringt.

Das kann dadurch geschehen, daß der Richter bekannte Fälle heranzieht oder sich neue Fälle ausdenkt, diese unter die Hypothese subsumiert und die resultierenden Ergebnisse betrachtet. Befriedigen sie sein Rechtsgefühl, dann hat er eine Bestätigung, sind ungerechte Ergebnisse darunter, dann ist seine Hypothese falsifiziert[7]. Daß dieses Verfahren

---

[6] *Esser*, Vorverständnis, S. 19.

[7] Ebenso *Hassemer*, S. 134: „Durch Konstruktion spezifischer Fälle kann

aussichtsreich ist, dafür wurde bereits argumentiert, indem wir zu zeigen versuchten, daß man sich offensichtlich ganz gut über die Gerechtigkeit der Ergebnisse einigen kann. Bei ungerechten Ergebnissen muß der Richter die Hypothese, aus der sie abgeleitet wurden, entweder fallen lassen und eine neue suchen oder sie so modifizieren, daß die Ergebnisse passen, wobei jede Modifikation streng genommen eine neue Hypothese darstellt.

Man sieht aber leicht, daß dieses Verfahren sehr schnell seine Grenze findet. Die Plausibilität dieser Überprüfungsmethode hängt nämlich auch von der Phantasie der begründenden Richter ab[8]. In den Entscheidungsgründen können außerdem nur wenige Fälle zur Illustration dargestellt werden. Man müßte daher ein weiteres Verfahren entwickeln, das eine zusammengefaßte Beurteilung der zukünftig von der Hypothese zu erwartenden Ergebnisse ermöglicht.

c) Konfrontation mit den soziologischen Konsequenzen (sog. Folgendiskussion) der Werthypothese

Hier erkennt man einen der wesentlichen Unterschiede zwischen der Überprüfung von empirischen Hypothesen und von Werthypothesen. Wollten wir z. B. die von Galilei entdeckten Fallgesetze überprüfen, bräuchten wir bloß ebenfalls auf den schiefen Turm von Pisa zu steigen, Steine fallen zu lassen und die Fallzeit zu messen. Wir kämen zu ähnlichen Ergebnissen wie Galilei vor etwa 500 Jahren. Würden wir dagegen die zu dieser Zeit anerkannten Rechtsprinzipien auf unsere Zeit anwenden, würden die meisten Ergebnisse bei uns heftige Abwehrreaktionen oder Kopfschütteln auslösen. Wir können uns entweder über die seltsamen Ansichten dieser Zeit wundern oder aber dies damit erklären, indem wir auf die geschichtliche Entwicklung hinweisen und annehmen, das Recht habe eine Veränderung durchgemacht[9]. Die Sätze, von denen wir in juristischen Diskussionen aufgrund unseres Rechtsgefühls ausgehen, unterliegen dem geschichtlichen Wandel. Im Gegensatz zu den Naturwissenschaften, die ihre Hypothesen und Gesetze mit wiederholbaren Experimenten[10] überprüfen können, sind in der Rechtswissenschaft die

---

insofern falsifiziert werden, als sich dabei erweisen läßt, ob das ursprünglich leitende Prinzip sich bei gleich gelagerten, aber extremen Fällen durchhalten läßt oder nicht. Vgl. auch *Esser*, Vorverständnis, S. 26.

[8] Man kann vermuten, daß den Richtern eher bestätigende Fälle einfallen als falsifizierende.

[9] *V. Savigny*, Überprüfbarkeit, S. 31.

[10] Angemerkt sei jedoch, daß es Wiederholbarkeit von Beobachtungen im strengen Sinn nicht geben kann. Vgl. Priester, L'art pour l'art, S. 38 f.; *Bochenski*, S. 64, 65: „Auch auf dem Gebiet des Physischen ist die Beobachtung desselben Phänomens durch zwei Forscher nicht möglich". Die empirischen Basissätze müssen durch Experimente nachvollziehbar sein. Das ist eine schwächere Forderung als die nach Wiederholbarkeit.

Fälle und Sachverhalte, an denen eine Werthypothese gemessen werden kann, grundsätzlich nicht wiederholbar. Rechtswissenschaft ist einbezogen in einen Veränderungszusammenhang gesellschaftlicher Verhältnisse[11]. Das bedeutet aber nicht, daß wir nur Aussagen darüber machen können, was heute und jetzt und nur für diesen Fall gerecht ist[12]. Wenn eine Gerichtsentscheidung des BGH eine über den einzelnen Fall hinausgehende Bedeutung haben will — und das wird von der Funktion des Rechts und der generellen Begründbarkeit der Einzelfallentscheidung gefordert —, dann muß der Richter die künftige Entwicklung in den gesellschaftlichen Verhältnissen und die daraus folgenden Beurteilungsstandpunkte künftiger Beurteiler[13] in seine Überlegungen einbeziehen. Diese Problematik ist unter dem Stichwort „Folgediskussion" bekannt. Das heißt, der Richter soll sich klar darüber werden, welche Konsequenzen es haben würde, wenn er diese oder jene Werthypothese akzeptiert. Mit der Frage, wohin es führen würde, wenn man eine bestimmte Normhypothese annehmen würde[14], wird unter anderem der Versuch gemacht[15], die zukünftigen gesellschaftlichen Wandlungen im gesellschaftlichen Zusammenleben und die Beurteilungsstandpunkte künftiger Beurteiler vorwegzunehmen. Dieses Verfahren wird auch in der BGH-Rechtsprechung zur Anstandsformel immer schon praktiziert. Unter den ausführlich besprochenen Entscheidungen ist BGHZ 15, 356 ff. („Progressive Kundenwerbung") hierfür ein Beispiel. Wir haben dort den Wahrheitsgrundsatz des Wettbewerbsrechts als entscheidenden Maßstab für die Abqualifizierung des Systems der progressiven Kundenwerbung bezeichnet. Obwohl dieser Grundsatz ein unumstrittener ist, setzt der BGH ein zusätzliches Argument zur Bekräftigung seiner Ansicht ein. Er überlegt nämlich[16], welche Auswirkungen auf den allgemeinen Geschäftsverkehr zu erwarten wären, wenn man das System

---

[11] *Böhler*, S. 106.

[12] Dieser Meinung scheint *Schmidt*, System, S. 397, zu sein. Er sieht aber das Problem, das dabei entsteht; S. 397, Anm. 13: Denn wenn wir uns auf die Diskussion allein der Richtigkeit des Ergebnisses beschränken, verzichten wir darauf, Maximen für unser zukünftiges Handeln zu geben.

[13] *Clauss*, S. 397: „Der Richter muß abschätzen, wie sich die Rechtsgenossen zu der Gestalt verhalten werden, die er einer Norm geben will", und zwar auch wie sie sich im Zuge der abzusehenden gesellschaftlichen Veränderungen dazu verhalten werden.

[14] Vgl. ausführlich *Kriele*, Rechtsgewinnung, S. 178 ff.; *Esser*, Vorverständnis, S. 19; *Podlech*, Wertungen, S. 197 ff., der ebenfalls die These vertritt, Wertungen seien (nur) durch die Folgendiskussion rational diskutierbar; mit Hinweis auf *Viktor Kraft*, Wertlehre, S. 249 ff., 260 ff.; *Popper*, Historismus, S. 70; *Welzel*, Gewissen, S. 397; wie Podlech *Kilian*, S. 211 ff.

[15] Zu der Frage, welche Überlegungen bei der Folgendiskussion sonst noch eine Rolle spielen, vgl. *Zippelius*, Methodenlehre, S. 59 f.

[16] BGHZ 15, 368 ff. (unter cc).

der progressiven Kundenwerbung als lautere Wettbewerbsmaßnahme anerkennen würde. Nach der Auffassung des BGH hätte der massenhafte Einsatz von Privatleuten zu Werbezwecken recht bald eine Marktverengung auf dem betreffenden Geschäftszweig zur Folge, was andere Branchen zur Nachahmung animieren würde. Die Konsequenzen werden als untragbar bezeichnet[17], womit für den BGH die Diskussion zuungunsten der progressiven Kundenwerbung beendet ist, und der Wahrheitsgrundsatz im Wettbewerbsrecht eine weitere Bestätigung erfahren hat. Andere Beispiele sind BGHZ 23, 365 ff. („Suwa") und vor allem BGHZ 43, 278 ff. („Kleenex"), wo der BGH ausdrücklich seine Haltung verteidigt. Auf Seite 282 heißt es wörtlich: „Denn einmal muß das in die Zukunft wirkende Urteil die von ihm ausgehende Wirkung im Rahmen der zu Gebote stehenden Beurteilungsgrundlagen mit berücksichtigen."

Man sieht, daß zwischen der vorher vorgestellten Überprüfungsmethode und diesem Verfahren ein Unterschied besteht. Im ersten Fall werden die Werthypothesen mit wirklichen oder simulierten Fällen konfrontiert[18], und die mit ihrer Hilfe logisch abgeleiteten Entscheidungssätze nach Rechtsgefühl akzeptiert oder verworfen. Im zweiten Fall werden dagegen keine logischen, sondern die soziologischen Folgen, wie wir sie nennen wollen, — gemeint sind wirtschaftspolitische Auswirkungen, allgemeine gesellschaftliche Konsequenzen und psychologische Folgen — betrachtet und bewertet. Sind unter diesen Konsequenzen solche darunter, die die Richter aufgrund ihres Rechtsgefühls als unerwünscht ansehen, werden sie die Hypothese, die diese Folgen nach sich zieht, verwerfen, allerdings nur dann, wenn es alternative Lösungsmöglichkeiten gibt, die weniger nachteilige Konsequenzen haben. Es soll nicht verschwiegen werden, daß die Forderung nach Berücksichtigung dieser Folgen erhebliche Schwierigkeiten für die BGH-Richter aufwerfen kann. Bei der Vorhersage der Folgen handelt es sich nämlich oft um höchst komplizierte Wahrscheinlichkeitsschlüsse[19].

Wir wollen die vorstehenden Ausführungen in drei weiteren Regeln zusammenfassen:

Ein zur Begründung einer Einzelentscheidung im Rahmen der Anstandsformel nach Regel (1) (III. 6.) aufgestellter Begründungssatz sollte überprüft und damit gerechtfertigt werden, indem die Richter ihn

---

[17] BGHZ 15, 369.

[18] *Esser*, Vorverständnis, S. 26.

[19] Vgl. *Kriele*, Kriterien, S. 69, 70. Wegen der mit der Prognose der Folgen und deren Wünschbarkeit verbundenen Probleme vgl. die Arbeit von *Kilian*, S. 211 ff., der mit Hilfe entscheidungstheoretischer Ansätze die Rationalität der Folgendiskussion zu erhöhen sucht.

Regel (2) mit anderen alternativen Werthypothesen oder Prinzipien der Rechtsordnung vergleichen,

Regel (3) mit wirklichen oder simulierten Fällen konfrontieren und die logischen Folgen bewerten und

Regel (4) mit seinen soziologischen Konsequenzen konfrontieren und diese bewerten.

Fallen die dafür erforderlichen Überlegungen für eine bestimmte Werthypothese positiv aus, erst dann sollte der Richter diesen Maßstab, sei er der Gesamtrechtsordnung, sozialen Normen oder kollektiven Wertvorstellungen entnommen, im Rahmen der Gute-Sitten-Klauseln in das „Recht" transformieren. In unserem Modellbeispiel ist diejenige Lösungsalternative zu wählen, die die Überprüfung am besten überstanden hat.

Angenommen, die BGH-Richter hatten in dem Beispiel nach Schilderung des Sachverhalts spontan das Verhalten des Kaufmanns als sittenwidrig bewertet. Von den drei Maßstäben aber, aus denen ein dem Rechtsgefühl der Richter entsprechendes Einzelwerturteil ableitbar ist, hat keiner die Überprüfung positiv überstanden, es hat sich vielmehr ein Maßstab als überlegen erwiesen, nach dem das Verhalten des Kaufmanns als nicht sittenwidrig anzusehen ist. In diesem Falle müssen die Richter nicht nur die nicht bestätigten Werthypothesen fallenlassen, sondern können auch ihr ursprünglich akzeptiertes Einzelwerturteil nicht mehr aufrechterhalten. Einzelwerturteile müssen verallgemeinerungsfähig sein[20]; d. h. ein Einzelwerturteil muß durch ein allgemeines Werturteil begründet werden können, das hinwiederum in Vergleich zu den übrigen Prinzipien unserer Rechtsordnung gesetzt und sorgfältig auf seine Konsequenzen hin überprüft wurde. Findet sich kein solches allgemeines Werturteil, das nach einer solchen Überprüfung noch akzeptiert werden kann, müssen wir das Einzelwerturteil wieder fallenlassen. Dies ist kein Spezifikum der Rechtswissenschaft. Sätze, die Aussagen über Naturphänomene machen, werden ebenfalls nicht ohne weiteres akzeptiert, wenn sie nicht in ähnlicher Weise generell begründbar sind. Solange z. B. nicht eine befriedigende Theorie über den „Faktor Psi"[21] vorgelegt wird, die die bisher bekannten Fälle telepathischer Erscheinungen erklärt und eine Verbindung zu unseren anderen grundlegenden Annahmen über die Welt herstellt, werden wir die Behauptung Uri Gellers, er habe durch geistige Kräfte Gabeln verbogen, was er einem Millionenpublikum von Fernsehzuschauern zu beweisen

---

[20] *Kriele*, Kriterien, S. 67.

[21] Vgl. dazu den Bericht in dem Nachrichtenmagazin „Der Spiegel" vom 28. 1. 1974, S. 102 ff.

versuchte, entweder unbegründet glauben, als Schwindel ansehen oder, wenn man vorsichtiger ist, wird man sich des Urteils enthalten.

Einem Richter, der ein im dargestellten Sinne nicht verallgemeinerungsfähiges Einzelwerturteil gefällt hat, wird nichts anderes übrigbleiben, als anzunehmen, sein erster Eindruck haben ihn getrogen[22]; denn es unbegründet einzuführen, ist ihm ebenso verwehrt, wie es offenzulassen, ob das Einzelwerturteil zu akzeptieren sei oder nicht, weil er unter Entscheidungszwang steht.

Man kann annehmen, daß durch eine möglichst vollständige Überprüfung[23] unter sorgfältiger Darlegung sämtlicher Konsequenzen der sich anbietenden Werthypothesen die Wahl eines Maßstabes in hohem Maße plausibel und für das Rechtsgefühl vieler Beurteiler nachvollziehbar gemacht werden kann. Das Vorhandensein von Regeln, die auch in der Entscheidungspraxis des BGH immer schon mehr oder weniger, bewußt oder unbewußt, angewendet werden und die es ermöglichen, Werturteile einer systematischen Kritik zu unterziehen, hilft entscheidend, Wertdiskussionen rational zu führen[24].

Man sollte meinen, daß derartige Überlegungen, wie sie u. M. nach für Diskussionen im Rahmen der Anstandsformel angestellt werden sollten, in den Entscheidungsgründen eine größere Rolle spielen, als dies tatsächlich der Fall ist. Dazu ist zu sagen, daß es nicht immer nötig ist, auf die Konsequenzen von Normhypothesen einzugehen[25]. Besteht nämlich für einen bestimmten Problemkreis eine gefestigte und bewährte Rechtsprechung und läßt sich mit dieser Rechtsprechung für einen zu beurteilenden Fall ein befriedigendes Ergebnis erzielen, dann braucht man auf die Konsequenzen dieser Rechtsprechung nicht — jedenfalls noch nicht — einzugehen.

Man kann aber auch darauf hinweisen, daß der BGH, selbst wenn er die Konsequenzen nicht ausdrücklich anspricht, häufig diese unbewußt oder unausgesprochen berücksichtigt hat. *Ramm* betont z. B. bei seiner

---

[22] Vgl. auch *Kilian*, S. 212: „Nicht die zufällige Individualerkenntnis gibt dem Richter die Legitimation zu einer konkreten Endentscheidung, sondern die durch Folgenberücksichtigung regulierte Individualerkenntnis."

[23] *Hassemer*, S. 135 f.

[24] Dieser Meinung sind *Hoerster*, Utilitaristische Ethik, S. 10 und *Podlech*, Wertungen, S. 199.

[25] Vgl. *Luhmann*, Bd. 2, S. 231 ff. Das Verlangen, sich bei *jeder* Entscheidung die Folgen zu vergegenwärtigen, würde den Richter überfordern. Eine Funktion von Präjudizien, sowie des positiven Rechts ist es ja, die Richter von solchen Überlegungen zu entlasten, was auch die Unabhängigkeit des Richters und die Gleichheit vor dem Gesetz garantiert (*Luhmann*, S. 232). Etwas anderes gilt aber, wenn der BGH Präjudizien aufstellen oder eine bestehende Rechtsprechung modifizieren will. Für diese Fälle kann er u. M. nach nicht von der Folgendiskussion entlastet werden.

Besprechung der Rechtsprechung zum Mätressentestament[26], daß es in Wahrheit um familienpolitische und rechtspolitische Fragen ging, indem nämlich der BGH mit dem untauglichen Mittel der moralischen Beurteilung die nachteiligen Folgen zu mildern versuchte, die durch die Anerkennung der Mätressentestamente für die verlassenen Ehefrauen entstanden wären, die sich einer Scheidung widersetzt hatten, weil sie sonst ungesichert dagestanden wären.

Solche Beispiele lassen sich sicherlich leicht vermehren.

d) Die Anwendung der Überprüfungsregeln anhand eines Beispiels

Um zu demonstrieren, wie die Anwendung der Überprüfungsregeln aussehen könnte, wurde ein Beispiel gewählt, das von *Kriele*[27] stammt.

„A verkauft B ein Buch; später reut ihn der Verkauf, er verweigert die Lieferung. Er ist nämlich Forscher und einer wichtigen Entdeckung auf der Spur; er benötigt das seltene und unerreichbare Buch nun dringend. Das hatte er im Zeitpunkt des Verkaufs nicht bedacht. B beabsichtigt, das Buch mit Gewinn an den reichen Sammler C weiterzuveräußern und den Gewinn in Bars auszugeben. C will das Buch aus Vollständigkeitsgründen seiner Privatbibliothek einverleiben; er benutzt es sachlich nicht und macht es anderen auch nicht zugänglich. B klagt gegen A auf Herausgabe und Übereignung des Buches. Alle Beteiligten — A, B, C und der Richter — sind sich darüber einig, daß das Interesse des A am Besitz des Buches wesentlich gewichtiger ist als das des B oder auch des C, und daß die Allgemeinheit ein Interesse am Gelingen des Forschungsvorhabens und also daran hat, daß A das Buch behält."

Die unwillkürliche Wertung könnte ergeben, A dürfe das Buch behalten[28]. Dieses Ergebnis muß begründet werden, was dadurch geschehen sollte, indem man einen Rechtssatz formuliert, aus dem dieses Ergebnis folgt (Regel [1]). Ein solcher Begründungssatz könnte lauten:

(1) Wenn ein Vertragschließender nicht genügend bedacht hat, daß die Vertragserfüllung seinem Interesse widerspricht, so ist er an den Vertrag nicht gebunden. Oder:

(2) Wenn das Interesse des Verkäufers wertvoller ist als das des Käufers (oder als das aller sonst Interessierten), so ist der Verkäufer nicht gebunden. Oder:

---

[26] *Ramm*, S. 132.

[27] *Kriele*, Kriterien, S. 65 ff.

[28] Ein ausgebildeter Jurist würde so nicht werten, da ihm die folgenden Überlegungen sofort gegenwärtig sind, so daß er sie sich nicht erst ins Gedächtnis rufen muß.

(3) Ein Vertrag bindet nicht, wenn die Allgemeinheit ein Interesse daran hat[29].

Jeder dieser drei Begründungssätze stellt eine zur Begründung des aufgrund der spontanen Wertung akzeptierten Satzes taugliche Werthypothese dar. Vergleicht man sie mit den Prinzipien unserer Rechtsordnung (Regel [2]), dann zeigt sich gleich, daß jede Hypothese zu § 433 I BGB und der Rechtsregel, daß Verträge zu halten sind, im Widerspruch steht[30]. Der Satz, daß Verträge zu halten sind, ist sicherlich ein derart weit anerkanntes und bewährtes Prinzip, daß man es als geeignet ansehen kann, entgegenstehende Sätze niederer Allgemeinheitsstufe, wie z. B. Sätze (1) bis (3), zu Fall zu bringen. Der Widerspruch kann aber auch so ausgehen, daß das allgemeine Prinzip eine Modifikation erleidet, etwa indem einer der Sätze (1) bis (3) als Ausnahme hinzugefügt wird. Auf welche Weise der Widerspruch aufzulösen ist, kann man auf dieser Stufe noch nicht entscheiden. Das Vorhandensein des allgemeinen Grundsatzes ist aber Anlaß, die Überprüfung der zur Wahl stehenden Hypothesen besonders streng durchzuführen, weil die Regel „pacta sunt servanda" sich in so vielen Fällen bereits bewährt hat.

Wendet man jetzt Regel (3) an, ist die Hypothese (1) recht schnell auszuscheiden. Unter sie ist nämlich auch folgendes Beispiel subsumierbar: D verkauft eine Sache an E; kurze Zeit später bekommt er von F ein Angebot, der ihm dieselbe Sache zu einem höheren Preis abkaufen möchte. Bei dieser Sachlage liegt es sicherlich nicht im Interesse des D, den ersten Vertrag zu erfüllen, sondern die Sache an F zu übereignen, da er so einen höheren Kaufpreis erzielen würde. Das hat D beim Abschluß des Vertrages mit E nicht bedacht. Nach der Hypothese (1) wäre D bei dieser Sachlage an den Vertrag mit E nicht gebunden. Ein unmögliches Ergebnis. Diese Hypothese ist auf jeden Fall viel zu weit.

Bei den anderen beiden Lösungsmöglichkeiten, die enger gefaßt sind, ist die Sachlage etwas schwieriger. Dazu wieder ein Beispiel: Ein Sportverein, der durch den unvorhergesehenen sportlichen Abstieg seiner Lizenzspielerabteilung in wirtschaftliche Schwierigkeiten geraten ist, sieht sich gezwungen, einen Teil seines Vereinsgeländes zu verkaufen. Auf dem betreffenden Gelände hatte der Verein beabsichtigt, Sportstätten für den Breitensport zu errichten. Er erhoffte sich, damit die Mitgliederzahl erhöhen zu können. Der Käufer des Grundstücks will dagegen das Gelände nicht nutzen, sondern zu Spekulationszwecken verwenden. Nach Bekanntwerden des Kaufabschlusses will ein reicher Freund und Gönner des Sportvereins diesem finanziell unter die Arme

[29] Die Formulierung der Begründungssätze ist von *Kriele*, Kriterien, S. 68, übernommen.

[30] *Kriele*, Kriterien, S. 67.

greifen und stellt ihm eine Geldsumme zur Verfügung, mit der die geplanten Sportstätten errichtet werden könnten.

Nach den Hypothesen (2) und (3) wäre der Sportverein nicht mehr an den Vertrag gebunden; denn das Interesse des Vereins, das Gelände zu behalten, um durch Förderung des Breitensports höhere Mitgliederzahlen zu erreichen, ist zweifellos gewichtiger als das des Spekulanten. Auch hat die Allgemeinheit ein Interesse daran, daß dieser Vertrag nicht ausgeführt wird; denn die Förderung des Breitensports ist im Interesse der Volksgesundheit sehr zu begrüßen. Das Ergebnis, daß auch in diesem Falle der geschlossene Vertrag nicht bindend sei, könnte stutzig machen und denjenigen, der im Forscher-Beispiel den Vertrag als nicht bindend ansah, zu einer Änderung seiner ursprünglichen Haltung veranlassen. Vollends überzeugend wird aber die Anwendung von Regel (4) zur Ausscheidung der Hypothesen (2) und (3) führen.

Macht man nämlich den Anspruch auf Vertragserfüllung z. B. von den Interessen der Vertragsparteien, je nachdem welches das wertvollere ist, oder von dem Interesse der Allgemeinheit an der jeweiligen konkreten Vertragserfüllung abhängig, so ist die Folge, daß in außerordentlich vielen Fällen Unsicherheit herrscht, ob der Anspruch besteht oder nicht[31]. Die Folge dieser Unsicherheit wäre eine Lähmung des Rechtsverkehrs, die Folge dessen ein Zusammenbruch des arbeitsteiligen Wirtschaftslebens und die Folge davon die Unmöglichkeit, die fundamentalsten menschlichen Interessen und Bedürfnisse zu befriedigen[32]. Die Hypothesen sind nämlich so weit gefaßt, daß sie, als Ausnahmen dem Grundsatz der Vertragstreue hinzugefügt, die Geltung dieses Prinzips voraussichtlich ganz beseitigen würden. Diese Folgen sind katastrophal. Sie als unerwünscht zu bezeichnen und damit die Diskussion abzubrechen, kann in dieser Situation getrost gewagt werden. Das Schicksal der Hypothesen (2) und (3) ist besiegelt. Mit ihrer Verwerfung, sowie der Verwerfung von Satz (1), kann aber auch das spontan akzeptierte Einzelwerturteil aus dem Forscher-Beispiel nicht mehr aufrechterhalten werden, da der geschilderte Sachverhalt keine weiteren verallgemeinerungsfähigen Merkmale mehr enthält.

Dieser Fall ist somit ein Beispiel dafür, daß sich auch allgemeine Werturteile (hier: Verträge sind zu halten) gegen ein entgegenstehendes unwillkürlich angenommenes Einzelwerturteil durchsetzen können. Das Prinzip hat sich in einem weiteren Fall bewährt.

---

[31] *Kriele*, Kriterien, S. 68.

[32] *Kriele*, Kriterien, S. 68.

7. Die Abhängigkeit des Rechtsgefühls vom Vorverständnis der Richter

Mit der Formulierung der angegebenen Regeln wurde versucht, Verfahren anzugeben, um zu Sätzen zu gelangen, deren Nachprüfung leicht ist, d. h. über deren Anerkennung oder Verwerfung unter den verschiedenen Prüfern eine Einigung erzielt werden kann[1]. Um dem Ziel einer möglichst hohen Intersubjektivität näherzukommen, muß der BGH also im Rahmen der untersuchten Generalklauseln seine Begründungssätze auf andere Sätze zurückführen, denen die verschiedenen Prüfer, wofür nicht nur alle am Rechtsprozeß Beteiligten, die Parteien, Gerichte, Rechtsanwälte, sondern auch wegen der Bedeutung des obersten Gerichts Presseorgane, gesellschaftliche Gruppierungen, kurz die an der Bildung der öffentlichen Meinung Mitwirkenden[2], in Betracht kommen[3], zustimmen können. Die Richter müssen der Umwelt ein Werturteil plausibel machen[4], genauer: eine Reihe von Werturteilen, nämlich die Urteile, diese oder jene logischen Folgen des Begründungssatzes seien gerecht oder ungerecht, diese oder jene soziologischen Konsequenzen seien erwünscht oder unerwünscht. Wir haben die Meinung vertreten, mit einer möglichst vollständigen Überprüfung möglichst aller für die Lösung eines bestimmten Problemkreises relevanten Werthypothesen könne ein hohes Maß an Plausibilität und Intersubjektivität auch im Umgang mit der Anstandsformel erzielt werden.

Das Überprüfungsverfahren muß jedoch durch weitere Überlegungen ergänzt und abgerundet werden. Es wurde davon ausgegangen, der BGH treffe keine Entscheidung, die dem Rechtsgefühl der jeweiligen Richter deutlich zuwiderläuft[5]. Dabei wurde das Rechtsgefühl, d. h. die Fähigkeit, in juristischen Diskussionen bei bestimmten Sätzen stehenzubleiben und diese als wahr zu akzeptieren, als gegebenes psychologisches Faktum behandelt, die Frage jedoch, woher es kommt,

---

[1] *Popper*, Logik, S. 70.

[2] Ähnlich *Esser*, Vorverständnis, S. 24: „Die von einer bestimmten Rechtsauslegung Betroffenen und an dieser Rechtsentwicklung Interessierten".

[3] In einigen empirischen Wissenschaften besteht der Kreis der Prüfer aus allen beteiligten Forschern, da wegen des Gebrauchs einer hochspezialisierten Fachsprache die Aussagen nur überprüfbar sind für die, die diese Sprache sprechen. Das ist aber unschädlich, da man sich darauf verlassen kann, daß jeder, der diese Sprache erlernen würde, denselben Aussagen, aufgrund seiner Beobachtungen zustimmen würde. Wenn man in ähnlicher Weise die Rechtswissenschaft allein den Juristen überließe, würde bald eine Entfremdung zum übrigen Volk eintreten, wie das Beispiel der „Kabinettsjustiz" zeigt, die mit dem Lateinischen als Fachsprache arbeitete und deren Entscheidungen für einen Großteil der Betroffenen nicht nachvollziehbar waren. Vgl. *Wieacker*, Privatrechtsgeschichte, S. 188, 244 ff.

[4] *Esser*, Vorverständnis, S. 26.

[5] *Priester*, Rechtstheorie, S. 50.

daß wir bei bestimmten Sätzen stehenbleiben können, wurde bisher vernachlässigt. Ihre Prüfung soll jetzt nachgeholt werden, weil die Beantwortung dieser Frage von erheblicher Relevanz sein wird.

Die Fähigkeit, Sätze als wahr oder falsch auszuzeichnen, ist offensichtlich — auch — ein Ergebnis verschiedenster Lern- und Sozialisationsprozesse. Das beginnt bereits mit der Erlernung der Umgangssprache. Mit der Sprache lernen wir nicht nur die Regeln zum Gebrauch der einzelnen Ausdrücke und zur Bildung von Sätzen, wir übernehmen gleichzeitig die Erfahrungen früherer Generationen[6], indem uns antrainiert wird, eine ungeheuere Anzahl von Sätzen für wahr zu halten. Kein Kind lernt z. B. die Gebrauchsregeln für den Ausdruck „Pferd", wenn es nicht die Sätze: „Ja, das ist ein Pferd; nein, das ist kein Pferd, sondern ein Esel", als wahr akzeptiert, mit deren Hilfe ihm die Regeln für die betreffenden Ausdrücke exemplarisch eingeübt werden. Man erfährt somit, unter welchen Bedingungen Sätze dieser Art wahr sind[7]. Mit den auf diese Weise weitergegebenen Erfahrungsinhalten früherer Generationen lernen wir nicht nur, uns in der sinnlich beobachtbaren Welt zurechtzufinden[8], wir übernehmen auch Gewohnheiten des Verhaltens und der Wertschätzung[9]. Die Gesamtheit dieser als wahr akzeptierten Sätze kann man auch das Vorverständnis nennen, das wir in Anspruch nehmen, wenn wir Erkenntnisse gewinnen wollen[10].

Ohne ein solches Vorverständnis wären wir nicht in der Lage, auch nur eine Hypothese oder Theorie zu formulieren, ohne die hinwiederum kein wissenschaftlicher Fortschritt denkbar ist[11]. Mit der Erlernung der Sprachregeln allein ist aber die Bildung von Erfahrung nicht abgeschlossen. Für den Bereich des empirischen Wissens wäre das der Fall, wenn wir den gesamten Bereich der beobachtbaren Welt, über den wir die Sprache interpretiert denken, und alle relevanten Eigenschaften und Beziehungen kennen würden[12], was aber nicht zutrifft. Analoges

[6] *Schroth*, S. 107: „Sprache hat Doppelstatus: Sie ist sprachliches Zeichen und Erfahrungsdatum zugleich."

[7] *V. Kutschera*, Sprachphilosophie, S. 160, 161.

[8] *Kamlah / Lorenzen*, S. 46; *Kaufmann*, Geschichtlichkeit, S. 87; *Oskaar*, S. 97.

[9] S. oben II. 2. a, bb, besonders Anm. 29.

[10] *Essler*, Wissenschaftstheorie, Bd. II, S. 85: „Die Gesamtheit dieser als wahr akzeptierten Sätze besteht aus synthetischen Urteilen, die der Benutzer der Sprache a priori als wahr annimmt. Mit diesen Regeln bzw. Sätzen erhält er zwar dann keine empirische Erkenntnis, *wohl aber*, wenn ihm bereits ein *gewisser Teil der semantischen Interpretation* der Sprache bekannt ist, wenn er also weiß, an welchen Objekten er seine Regeln anzuwenden hat; diese partielle semantische Interpretation wird er durch Hinweisdefinitionen — Standardbeispiele — oder durch Umschreibungen von solchen erhalten haben."

[11] *Popper*, Logik, S. 223 f.

[12] *Essler*, Wissenschaftstheorie, Bd. II, S. 85.

gilt für unsere Werterfahrungen. In der Auseinandersetzung mit der Umwelt werden ständig neue Erfahrungen gemacht, neue Situationen, mit denen man konfrontiert wird, verlangen ständig neue Bewertungen. In neuen Situationen können sich die bisher eingeübten Deutungs- und Bewertungsschemata als nicht mehr angemessen erweisen. Das bisherige Vorverständnis, mit dem man an die Umwelt herangegangen ist, ändert sich und bildet ein neues, beim „nächsten hermeneutischen Schritt wiederum leitendes Vorverständnis aus“[13]. Neue Erfahrungen haben somit Einfluß auf die Gesamtheit der als wahr akzeptierten Urteile. Das wirkt sich so aus, daß man den bisher verwendeten Sprachzeichen einen tieferen oder erweiterten Sinn gibt oder die bisher für wahr gehaltenen Sätze als falsch erkennt und in Zukunft durch andere Sätze ersetzt.

Wenn es richtig ist, daß Sozialisationsprozesse den Hintergrund dafür bilden, wie jemand sprachliche Zeichen in Wertungskontexten versteht und verwendet und welche Sätze er als wahr akzeptiert, dann werden Untersuchungen über die soziale Herkunft der Richter von erheblicher Relevanz[14]. Läßt sich nämlich feststellen, daß der Werdegang deutscher Richter, was Elternhaus, Erziehung und Ausbildung betrifft, erhebliche Abweichungen von dem anderer Bevölkerungsgruppen, etwa der Arbeiter, aufweist, dann besteht die Gefahr, daß juristische Entscheidungsgründe für andere Bevölkerungsgruppen nicht mehr nachvollziehbar sind, etwa weil man aneinander vorbeiredet, wenn die verwendeten Ausdrücke in einem anderen Sinn verstanden werden oder weil die Sätze, von denen das Gericht ausgeht, wegen des verschiedenen sozialen Horizonts nicht akzeptiert werden können. In der bisher umfangreichsten soziologischen Arbeit[15] über die soziale Herkunft, Erziehung und Ausbildung von Richtern, Rechtsanwälten und Staatsanwälten wurde gezeigt, daß die erfaßten Juristen aus sehr homogenen sozialen Schichten, hauptsächlich der oberen Mittelschichten, stammen, wobei diese Homogenisierungstendenzen durch Studium und Vorbereitungsdienst noch verstärkt werden. Dieser soziologische Befund macht es sehr wahrscheinlich, daß vor allem die Generalklauseln mit moralischen und rechtlichen Standards ausgefüllt werden, welche die schichtspezifischen Ansichten der bürgerlichen Mittelklassen widerspiegeln[16]. Ob und inwiefern allerdings der auf solche Untersuchungen hin erhobene Vorwurf der Klassenjustiz[17] und der Wirtschaftsfremdheit deut-

---

[13] So *Habermas*, Universalitätsanspruch, S. 75.

[14] *Schroth*, S. 107.

[15] *Kaupen*, Hüter von Recht und Ordnung.

Vgl. zu dieser und ähnlichen Untersuchungen die Darstellung und Diskussion von *Thomas Raiser*, S. 21 ff.

[16] *Thomas Raiser*, S. 32.

[17] *Rottleuthner*, S. 1 ff.

scher Juristen[18] berechtigt ist, soll hier nicht untersucht werden[19]. Daß aber derartige Tendenzen sich feststellen lassen, die darauf hindeuten, läßt sich nicht bestreiten und daß sich diese Gefahren hauptsächlich bei dem Umgang mit der Anstandsformel bemerkbar machen können, ist offenkundig.

Daher müssen die vorher angegebenen Regeln, die die Überprüfbarkeit von Entscheidungen zu den Gute-Sitten-Klauseln sichern sollen, um eine weitere Forderung ergänzt werden:

Im Umgang mit der Anstandsformel soll der Richter Einsicht in seine notwendigen Abhängigkeiten zu gewinnen suchen und sich selbst in kritischer Selbstreflexion auf seine sozialen Vorurteile hin überprüfen[20].

Diese Forderung ist nun keine so leicht anzuwendende Handlungsanweisung wie die vorher vorgeschlagenen Regeln; sie soll daher als Verstärkung dieser Regeln gemeint sein. Ein Richter, der sich über die Voraussetzungen der von ihm im Umgang mit der Anstandsformel immer schon vollzogenen Leistungen bewußt zu werden versucht[21], wird sich vor unangemessenen Absolutheitsansprüchen hüten, wie sie in manchen BGH-Entscheidungen, vor allem in solchen, wo naturrechtliche Argumentationen anklingen, bemerkbar sind. Er wird sich bemühen, dem Ideal der Vollständigkeit der Reflexion und Argumentation[22] näherzukommen, indem er möglichst alle ihm vorgetragenen Gesichtspunkte, auch wenn sie auf den ersten Blick nicht besonders relevant erscheinen, in seine Überlegungen einbezieht und auf ihre Konsequenzen hin überprüft[23].

In der Einbeziehung der Frage nach Herkunft und Kontrolle des Vorverständnisses in die Wertungsproblematik[24] sehen wir einen Rationalitätszuwachs und die Chance für eine höhere Intersubjektivität in Diskussionen über die guten Sitten. Die Bereitschaft, seine Werthaltungen auf mögliche schichtspezifische Vorurteile zu überprüfen, setzt soziale Energien voraus[25], weil sie dazu zwingt, sonst unbewußt gebliebene Positionen offen zu legen und der Kritik anderer auszusetzen.

---

[18] *Kaupen*, S. 24.

[19] Vgl. dazu die Diskussion bei *Thomas Raiser*, S. 29 ff.

[20] *Kaufmann*, Geschichtlichkeit, S. 102.

[21] *Habermas*, Universalitätsanspruch, S. 78.

[22] Vgl. *Hassemer*, S. 135; *Kaufmann*, Geschichtlichkeit, S. 102.

[23] Die Chance der Intersubjektivität auch mit Vertretern anderer Interessenstandpunkte ist höher, wenn der andere Standpunkt sorgfältig geprüft wurde, als wenn er keine Erwähnung fand oder mit oberflächlichen Worten übergangen wurde.

[24] *Esser*, Vorverständnis, S. 8.

[25] Vgl. *Podlech*, Wertungen, S. 199.

8. Das Ideal einer Gemeinschaft vernünftig argumentierender Personen

Es wurde bisher kein Zweifel daran gelassen, daß trotz sorgfältigster Prüfung der in Betracht kommenden Lösungsmöglichkeiten und Würdigung aller nach dem jeweiligen Wissensstand zu erwartenden Konsequenzen ein Gericht nicht immer völlige Übereinstimmung über seine Urteilsgründe erzielen wird. Denn genauso wie die Entscheidung eines Gerichts damit zusammenhängt, welche Werturteile die Richter zu akzeptieren gelernt haben, hängt die Reaktion der Betroffenen oder der sonst an der Rechtsentwicklung Interessierten auf die Entscheidung von deren gesellschaftlicher Herkunft und Entwicklung ab. Kommunikationsstörungen müssen ja nicht nur auf Seiten der Richter liegen; so wird ein auf die Verteidigung und Durchsetzung bestimmter Positionen fixierter Interessenvertreter sich schwerlich zu einer Zustimmung bequemen können, wenn ein Gericht, selbst bei sorgfältigster und gründlichster Würdigung aller in Betracht kommender Standpunkte, die von ihm vorgebrachten Gesichtspunkte nicht oder nur zum Teil zur allgemeinen Maxime für die anstehenden Probleme gemacht hat.

Wie oben ausgeführt wurde[1], ist *ein* Kriterium für die Objektivität juristischer Werturteile darin zu sehen, daß sie mit dem Anspruch auf allgemeine Zustimmung formuliert werden. Wenn aber auch gesagt wird, daß dieser Anspruch eigentlich nur in besonderen Glücksfällen völlig eingelöst werden kann, dann tut sich darin eine Diskrepanz zwischen Anspruch und Wirklichkeit auf. Geht dann der in jeder Entscheidung erhobene Anspruch nicht erheblich über das hinaus, was später überhaupt eingelöst werden kann, was in die Frage einmündet, ob der BGH im Rahmen der Gute-Sitten-Klauseln legitimiert ist, allgemein verbindliche Präjudizien zu fällen?

Diese Diskrepanz kann nur durch die Einführung eines normativen Prinzips aufgehoben werden. *Esser* deutet dies an, wenn er behauptet, es gebe eine „Argumentation auf einer bei vernünftigen Leuten konsensfähigen Ebene“[2]. Das angesprochene Prinzip besteht in der Postulation einer idealen Gemeinschaft vernünftig diskutierender Personen, die jeder, der argumentiert, implizit als ideale Kontrollinstanz voraussetzt[3]. Soweit es sich um juristische Diskussionen dreht, kann man, wenn man will, diese Gemeinschaft — mit Esser[4] — die Gemeinschaft aller billig und gerecht Denkenden nennen. Sie läßt sich vage ungefähr dahingehend beschreiben: Sie besteht aus Personen, die, sich ihrer

---

1 Siehe S. 93 und 94.

2 *Esser*, Vorverständnis, S. 25.

3 Vgl. *Apel*, Hermeneutik, S. 140; *Frankena*, S. 137; *Leicht*, S. 77, 78.

4 *Esser*, Vorverständnis, S. 24, 25.

sozialen Vorurteilsbedingtheit bewußt, in herrschaftsfreiem Dialog, d. h. unter Verzicht auf Gewalt- und Täuschungsmittel, und vernünftigem Dialog ihre Interessen, Wünsche und Meinungen unter ein allgemeines Prinzip vereinigen. Unter „vernünftigem Dialog“ soll hier ein Argumentieren nach allgemein anerkannten Regeln verstanden werden. Zu diesen Regeln gehören auf jeden Fall die der deduktiven Logik[5]. Man wird für den Bereich rechtspolitischen Diskutierens Argumentationsregeln, ähnlich den Überprüfungsregeln (1) — (4), hinzuzählen müssen[6].

Es ist klar, daß mit der Annahme einer so verstandenen Gemeinschaft der billig und gerecht Denkenden der BGH keine einzelnen Entscheidungen inhaltlich begründen kann, sie bindet aber die Richter an Argumentationsregeln und sichert so die Nachvollziehbarkeit der Entscheidungen. Sie ist auch Rechtfertigung dafür, sich in Zukunft verstärkt um die Formulierung und Durchsetzung von methodischen Regeln im Bewußtsein der praktischen Juristen zu bemühen.

Daß solche Bemühungen nicht ganz chancenlos erscheinen, zeigt sich darin, daß derartige Regeln immer schon mehr oder weniger, wenn auch meistens unbewußt, angewendet werden. Es besteht eine gewisse Vorverständigung über die Notwendigkeit von Rationalität in juristischen Diskussionen. Die ständig erhobene Forderung nach einer Begründung von Gerichtsentscheidungen auch da, wo gesetzliche Normen fehlen oder nur ungenaue Anweisungen vorhanden sind, beweist, daß man es für unerträglich hält, eine Gerichtsentscheidung als bloße Willensäußerung eines staatlichen Machtträgers aufzufassen. Gerichtsurteile sollen überzeugen. Dazu arbeiten die Gerichte immer schon mit erdachten Beispielen, um sich zu vergewissern, ob ihre Prinzipien sich auch in verschiedenen Situationen durchhalten lassen, immer schon werden die gesellschaftlichen Konsequenzen von Normvorschlägen untersucht, was sich in der Entscheidungspraxis des BGH teils ausdrücklich, teils unausgesprochen nachweisen ließ. Es erscheint daher aussichtsreich, die Entscheidungspraxis der Gerichte daraufhin zu untersuchen, wie sie ihre Argumentationen führen, welchen Regeln sie in ihren Begründungen folgen. Unbewußt angewandte Regeln können dadurch explizit gemacht werden, so daß sie einer Kritik zugänglich sind. Durch Verschärfung oder Abänderung unserer immer schon angewendeten Diskussionsregeln durch Kritik könnte man zu einem Bestand von allgemein anerkannten Regeln vernünftigen Redens über juristische und rechtspolitische Probleme gelangen.

---

[5] Vgl. z. B. *Viktor Kraft*, Wertlehre, S. 260.

[6] Vgl. *Kriele*, Rechtsgewinnung, S. 313, 314, der ähnlich wie hier unter vernunftrechtlicher Argumentation die Bildung von Normhypothesen, Vorhersage und Bewertung der Konsequenzen, die die Verwirklichung eines Normvorschlages haben würde, versteht.

Geht man von dem Ideal einer Gemeinschaft vernünftig kommunizierender Personen aus, dann ist ein Gericht, das in seinen Entscheidungsgründen erkennen läßt, daß eine sorgfältige Überprüfung der in Betracht kommenden Lösungsmöglichkeiten durchgeführt wurde, allemal legitimiert, seine Entscheidung mit dem Anspruch auf allgemeine Zustimmung zu treffen[7].

Wer mit einer solchen Entscheidung nicht einverstanden ist, den trifft die Begründungslast dafür zu zeigen, wo genau der Fehler liegt. Das gelingt dem Kritiker, indem er auf unerwünschte Konsequenzen hinweist, die das Gericht übersehen hat oder indem ein plausibler Nachweis geführt wird, diejenigen Folgen, die das Gericht vorausgesagt hat, würden in Wirklichkeit nicht eintreten[8]. Auch wenn der Kritiker mit dem Gericht über die Folgen einig ist, mit der Bewertung aber nicht, dann genügt es allein nicht, wenn er ein anderes Werturteil behauptet. Sollte seine Ansicht in der Diskussion als relevant angesehen werden, dann wird er Gründe für seine andere Bewertung angeben müssen, was durch Aufstellung anderer Werthypothesen geschehen müßte, deren Akzeptierung die genannten nachteiligen Folgen vermeiden würde. Solange die von einem Gericht zur Grundlage seiner Entscheidung gemachte Lösungsmöglichkeit derartigen Widerlegungsversuchen standhält, akzeptieren wir sie[9].

Wenn also der BGH in den Entscheidungsgründen zu den Gute-Sitten-Klauseln Werturteile mit dem Anspruch auf allgemeine Zustimmung behauptet, dann richtet er zwar seine Argumente an die Adresse der Menschen in der jeweiligen gesellschaftlichen Situation, indem er an sie appelliert[10], seine Entscheidung nachzuvollziehen, setzt aber gleichzeitig eine ideale Gemeinschaft rational diskutierender Personen voraus, von denen er annimmt, sie würden sich auf die von ihm vorgeschlagene Lösung einigen können. Ob allerdings das Gericht immer den Anspruch glaubhaft machen kann, seine Begründung in Übereinstimmung oder wenigstens Annäherung an die Regeln vernünftigen Diskutierens geführt zu haben, steht auf einem anderen Blatt, was nicht bedeutet, daß der BGH dies nicht anstreben sollte.

---

[7] Vgl. *Hoerster*, Utilitaristische Ethik, S. 10; *Kriele*, Rechtsgewinnung, S. 314, Nr. 19.

[8] *Kriele*, Rechtsgewinnung, S. 314, Nr. 18.

[9] Vgl. *Popper*, Sozialwissenschaften, S. 235.

[10] Die Appellfunktion der Anstandsformel betont *Arzt*, S. 100.

Literaturverzeichnis

Albert, Hans: *Traktat* über kritische Vernunft, 2. Aufl., Tübingen 1969.

— *Theorie* und Prognose in den Sozialwissenschaften in: Logik der Sozialwissenschaften, Hrsg. Topitsch, 6. Aufl. 1970, S. 126—137.

— *Wertfreiheit* als methodisches Prinzip in: Logik der Sozialwissenschaften, S. 181—210.

— *Normativismus* oder Sozialtechnologie in: Jahrbuch für Rechtssoziologie und Rechtstheorie, Bd. 2, Hrsg. Albert, Luhmann, Maihofer, Weinberger, 1972, S. 390 ff.

Apel, Karl-Otto: Szientismus oder transzendentale *Hermeneutik?* in: Hermeneutik und Dialektik, Festschrift f. Hans Georg Gadamer, Bd. I, Tübingen 1970, S. 105—144.

— *Szientistik,* Hermeneutik, Ideologiekritik, in: Hermeneutik und Ideologiekritik, Frankfurt a. M. 1971.

Arzt, Gunther: Die Ansicht aller billig und gerecht Denkenden. Geschichtl. Wurzeln, theoretische Begründung und praktische Auswertung, Diss. Tübingen 1962.

Ayer, Alfred J.: *Sprache,* Wahrheit und Logik. Deutsch, Stuttgart 1970.

Bappert / Maunz: Kommentar zum Gesetz über das *Verlagsrecht,* München, Berlin 1952.

Barkhausen: NJW 53, 1665, Anm. zu BGHZ 10, 228 ff.

Baumann, Jürgen: *Strafrecht.* Allgemeiner Teil. Ein Lehrbuch. 5. Aufl. Bielefeld 1968.

Baumbach, Adolf und Wolfgang *Hefermehl:* Wettbewerbs- und Warenzeichenrecht. Bd. I Wettbewerbsrecht, 10. Aufl. München 1971.

Baumbach, Adolf: Kommentar zum *Wettbewerbsrecht.* Berlin 1929.

Birke, Wolfgang: *Richterliche Rechtsanwendung* und gesellschaftliche Auffassungen. Köln 1968.

Bochenski, I. M.: Die zeitgenössischen *Denkmethoden.* 4. Aufl. Bern, München 1969.

Böhler, Dietrich: *Rechtstheorie* als kritische Reflexion in: Rechtstheorie, Hrsg. Jahr, Maihofer, Frankfurt a. M. 1971, S. 62—120.

Boehmer, Gustav: *Grundlagen* der bürgerlichen Rechtsordnung. Bd. II, 2. Praxis der richterlichen Rechtsschöpfung. Tübingen 1952.

Boesebeck, Ernst: Privatrechtliche *Haftung* des Denunzianten. NJW 1947/48, S. 13 ff.

Bollack, Gert und Alfred-Carl *Gaedertz:* Die *Unterwanderung* der Preisbindung durch den Gesetzgeber. WRP 1965. S. 73—76.

Callies, Rolf-Peter: Rechtstheorie als *Systemtheorie* in: Rechtstheorie, Hrsg. Jahr, Maihofer, Frankfurt a. M. 1971, S. 142—175.

Callmann, Rudolf: Der *unlautere Wettbewerb*. Kommentar zum UWG. Mannheim, Berlin, Leipzig 1929.

Carnap, Rudolf: Einführung in die *symbolische Logik*. 2. Aufl. Wien 1960.

Clauss, Karl: *Semantik* im Dienst des Rechts. ARSP 49 (1963), S. 375—401.

Coing, Helmut: Grundzüge der *Rechtsphilosophie*. 2. Aufl. Berlin 1969.

Coing, Helmut: Die *obersten Grundsätze* des Rechts. Ein Versuch zur Neugründung des Naturrechts. Heidelberg 1947.

Dahrendorf, Ralf: *Homo sociologicus*. Ein Versuch zur Geschichte, Bedeutung und Kritik der Kategorie der sozialen Rolle. 12. Aufl. Köln, Opladen 1972.

Dernburg, Heinrich: *Pandekten*. Bd. I, 5. Aufl. Berlin 1896.

Dreier, Ralf: Zum Begriff der „*Natur der Sache*". Berlin 1965.

Droste, Karl: *Recht, Moral und Sitte* im Wettbewerb. WRP 1964, S. 65—74.

— Die *Umfrage* als notwendige Erkenntnisquelle des unlauteren Wettbewerbs. WRP 1966, 323—330.

Dubischar, Roland: *Grundbegriffe* des Rechts. Eine Einführung in die Rechtstheorie. Stuttgart, Berlin, Köln, Mainz 1968.

Ecker, Walther: *Gesetzesauslegung* vom Ergebnis her. JZ 1967, S. 265 ff.

Eisler, Rudolf: *Wörterbuch* der philosophischen Begriffe. Bd. I, 4. Aufl., Berlin 1927.

Engisch, Karl: Sinn und Tragweite *juristischer Systematik*. Studium Generale 1957, S. 173 ff.

— *Aufgabe einer Logik* und Methodik des juristischen Denkens. Stud. Gen. 1959, S. 80 ff.

— *Logische Studien* zur Gesetzesanwendung. Heidelberg 1963.

— *Wahrheit* und Richtigkeit im juristischen Denken. München 1963.

— Die Idee der *Konkretisierung* in Recht und Rechtswissenschaft unserer Zeit. 2. Aufl. Heidelberg 1968.

— *Einführung* in das juristische Denken. 5. Aufl. Stuttgart, Berlin, Köln, Mainz 1971.

Enneccerus / Nipperdey: Allgemeiner Teil des bürgerlichen Rechts. 15. Aufl. Tübingen, 1. Halbband 1959, 2. Halbband 1960.

Enneccerus / Lehmann: Recht der *Schuldverhältnisse*. Tübingen 1958, 15. Aufl.

Erman: Handkommentar zum bürgerlichen Gesetzbuch. 5. Aufl. Münster 1972.

Esser, Josef: Zur *Methodenlehre* des Zivilrechts. Studium Generale 1959, S. 97 ff.

— *Grundsatz und Norm* in der richterlichen Fortbildung des Privatrechts. 2. Aufl. Tübingen 1964.

— *Schuldrecht*. Bd. II. Besonderer Teil. 3. Aufl. Karlsruhe 1969.

— *Vorverständnis* und Methodenwahl in der Rechtsfindung. Frankfurt a. M. 1972. Taschenbuchausgabe.

Esser, Josef und Erwin *Stein:* Werte und *Wertewandel* in der Gesetzesanwendung. Frankfurt a. M. 1966.

Essler, Wilhelm K.: *Wissenschaftstheorie.* Bd. I, Definition und Reduktion, 1970. Bd. II, Theorie und Erfahrung, 1971. Freiburg, München.

— *Analytische Philosophie.* Bd. I Stuttgart 1972.

v. Falck: GRUR 71, S. 319, Anm. zu BGHZ 56, 18 ff.

Fikentscher, Wolfgang: *Wettbewerb* und gewerblicher Rechtsschutz. München u. a. 1958.

Flume, Werner: Allgemeiner Teil des bürgerlichen Rechts. Bd. II, Das *Rechtsgeschäft.* Berlin, Heidelberg, New York 1965.

Frankena, William K.: *Analytische Ethik.* Eine Einführung. Deutsch. München 1972.

Frege, Gottlob: *Funktion,* Begriff, Bedeutung. 5 logische Studien. Hrsg. Patzig. 3. Aufl. Göttingen 1969.

Freitag, Klaus Peter: Der *Leistungswettbewerb* als rechtliche Denkfigur. Diss. Göttingen 1968.

v. Friedeburg, Ludwig: Die *Umfrage* in der Intimsphäre. Stuttgart 1953.

Gadamer, Hans-Georg: *Replik* in: Hermeneutik und Ideologiekritik. Frankfurt a. M. 1971. S. 283—317.

Geiger, Theodor: *Vorstudien* zu einer Soziologie des Rechts. Neuwied, Berlin 1964.

Greifelt, Kurt: Wirtschaftliche Gesichtspunkte zur *vergleichenden Werbung.* WRP 1962, S. 143—145.

Habermas, Jürgen: *Erkenntnis* und Interesse. Frankfurt a. M. 1968/1973.

— Der *Universalitätsanspruch* der Hermeneutik in: Hermeneutik und Dialektik, Festschrift f. Hans-Georg Gadamer. Bd. I, Tübingen 1970, S. 73—104.

Hare, R. M.: Die *Sprache der Moral.* Deutsch. Frankfurt a. M. 1972.

Hartmann, Nicolai: *Ethik.* 4. Aufl. Berlin 1962.

Hassemer, Winfried: *Tatbestand und Typus.* Köln, Berlin, Bonn, München 1968.

Heller, Theodor: Logik und Axiologie der *analogen Rechtsanwendung.* Berlin 1961.

Hempel, Carl-Gustav: Die Philosophie der *Naturwissenschaften.* München 1974.

Henkel, Heinrich: Einführung in die *Rechtsphilosophie.* Grundlagen des Rechts. München, Berlin 1964.

Hirsch, Ernst E.: Zu einer *Methodenlehre* der Rechtswissenschaft. JZ 1962, S. 329 ff.

— Das Recht im *sozialen Ordnungsgefüge.* Beiträge zur Rechtssoziologie. Berlin 1966.

Hölder, Eduard: Kommentar zum bürgerlichen Gesetzbuch. 1. Band, *Allgemeiner Theil.* München 1900.

Hoerster, Norbert: Zum Problem der *Ableitung* eines Sollens aus dem Sein. ARSP 69, S. 11—39.

— *Utilitaristische Ethik* und Verallgemeinerung. Freiburg, München 1971.

Hoffmeister, Johannes: *Wörterbuch* der philosophischen Begriffe. 2. Aufl. Hamburg 1955.

Hruschka, Joachim: Die *Konstitution* des Rechtsfalles. Studien zum Verhältnis von Tatsachenfeststellung und Rechtsanwendung. Berlin 1965.

Hubmann, Heinrich: *Naturrecht* und Rechtsgefühl in: Naturrecht oder Rechtspositivismus, Hrsg. Maihofer. Bad Homburg vor der Höhe 1962. S. 339—383.

— Grundsätze der *Interessenabwägung*. AcP 155, S. 85 ff.

— *Gewerblicher Rechtsschutz* (Patent-, Gebrauchsmuster-, Geschmacksmuster-, Warenzeichen- u. Wettbewerbsrecht) 3. Aufl. München 1974.

Isay, Hermann: *Rechtsnorm* und Entscheidung. Berlin 1929.

Kalinowski, Georges: Einführung in die *Normenlogik*. Frankfurt a. M. 1972.

Kamlah, Wilhelm und Paul *Lorenzen*: Logische *Propädeutik*. Vorschule des vernünftigen Denkens. Mannheim, Wien, Zürich, 2. Aufl., 1973.

Katzenberger, Paul: Das *Recht am Unternehmen* und unlauterer Wettbewerb. München 1967.

Kaufmann, Arthur: Das *Unrechtsbewußtsein* in der Schuldlehre des Strafrechts. Mainz 1950.

— *Recht* und Sittlichkeit. Tübingen 1964.

— Die *Geschichtlichkeit* des Rechts im Lichte der Hermeneutik in: Rechtstheorie, Hrsg. A. Kaufmann. Karlsruhe 1971. S. 81 ff.

Kaupen, Wolfgang: Die *Hüter* von Recht und Ordnung. Berlin 1969.

Kelsen, Hans: *Reine Rechtslehre*. 2. Aufl., Wien 1960.

Kilian, Wolfgang: *Juristische Entscheidung* und elektronische Datenverarbeitung. Methodenorientierte Vorstudie. Frankfurt a. M. 1974.

Klüver, Jürgen: *Begriffsbildung* in den Sozialwissenschaften und in der Rechtswissenschaft in: Rechtstheorie, Hrsg. Jahr, Maihofer, Frankfurt a. M. 1971. S. 369—383.

Klug, Ulrich: *Juristische Logik*. 3. Aufl. Berlin, Heidelberg, New York 1966.

König, René: Das Recht im Zusammenhang der *sozialen Normensysteme* in: Studien und Materialien zur Rechtssoziologie, Hrsg. Hirsch, Rehbinder. Köln, Opladen 1967. S. 36—53.

Kohler, Josef: Der *unlautere Wettbewerb*. Berlin, Leipzig 1914.

Kraft, Alfons: *Interessenabwägung* und Gute Sitten im Wettbewerbsrecht. München, Berlin 1963.

Kraft, Viktor: Die Grundlagen einer wissenschaftlichen *Wertlehre*. 2. Aufl. Wien 1951.

— *Geschichtsforschung* als strenge Wissenschaft in: Logik der Sozialwissenschaften, Hrsg. Topitsch, 1970. S. 72—84.

Kriele, Martin: *Kriterien* der Gerechtigkeit. Zum Problem des rechtsphilosophischen u. politischen Relativismus. Berlin 1963.

— Theorie der *Rechtsgewinnung*. Entwickelt am Problem der Verfassungsinterpretation. Berlin 1967.

Kroitzsch: Die *Wettbewerbsregeln* in kartell- u. wettbewerbsrechtl. Sicht. GRUR 1965, S. 15 ff.

v. Kutschera, Franz: *Sprachphilosophie.* München 1971.

— *Wissenschaftstheorie.* Bd. II. München 1972.

— Einführung in die *Logik der Normen,* Werte und Entscheidungen. Freiburg, München 1973.

Landmann / Rohmer / Eyermann / Fröhler: Kommentar zur *Gewerbeordnung.* 12. Aufl. München.

Larenz, Karl: *Grundsätzliches* zu § 138 BGB in: JJB 66/67, S. 98—122.

— *Methodenlehre* der Rechtswissenschaft. 2. Aufl. Berlin, Heidelberg, New York 1969.

Leicht, Robert: Von der *Hermeneutik-Rezeption* zur Sinnkritik in der Rechtstheorie in: Rechtstheorie, Hrsg. A. Kaufmann, Karlsruhe 1971. S. 71—80.

Leisner, Walter: *Grundrechte* und Privatrecht. München, Berlin 1960.

Lenk, Hans: Kann die *sprachanalytische Moralphilosophie* neutral sein? ARSP 1967, S. 367 ff.

Lent, Friedrich und Othmar *Jauering: Zwangsvollstreckungs-* und Konkurs*recht.* 12. Aufl. München 1972.

Luhmann, Niklas: *Rechtssoziologie.* Bd. 1 u. 2. Hamburg 1972.

Maunz, Theodor und Günter *Dürig: Grundgesetz.* Kommentar. Bd. I 1969.

Mellerowicz, Konrad: Der *Markenartikel.* 2. Aufl. München, Berlin 1963.

Meyer-Cording, Ulrich: *Gute Sitten* und ethischer Gehalt des Wettbewerbsrechts. Grundsätzliches zu § 1 UWG. JZ 1964, S. 273 ff.

— Anm. zu BGHZ 10, 228 ff. JZ 53, 665.

Moore, George E.: *Principia Ethica.* Deutsch. Stuttgart 1970.

Motive zu dem Entwurf eines bürgerlichen Gesetzbuches für das deutsche Reich. Bd. I Allgem. Teil und Bd. II Schuldverhältnisse. Berlin, Leipzig 1888.

Mugdan, B.: *Materialien* zum bürgerlichen Gesetzbuch Bd. I. Berlin 1899.

Müller-Freienfels, Wolfram: Zur Rechtsprechung beim sog. *Mätressentestament.* JZ 1968, 441 ff.

Nastelski, Karl: Schutz der *Allgemeinheit* im Wettbewerbsrecht. GRUR 1969, 322—326.

Nipperdey, Hans-Carl: Die *Haftung* für politische Denunziation in der Nazizeit in: Festschrift für Heinrich Lehmann z. 80. Geburtstag. Berlin, Tübingen, Frankfurt a. M. 1956. S. 285—307.

Noelle-Neumann, Elisabeth und Carl *Schramm: Umfrageforschung* in der Rechtspraxis. Weinheim 1961.

Oskaar, Els: *Sprache* als Problem und Werkzeug des Juristen. ARSP 1967, S. 91 ff.

Palandt: Bürgerliches Gesetzbuch. 32. Aufl. München 1973.

Paulus, Gotthard: Probleme richterlicher *Regelbildung* am Beispiel des Kreditsicherungsrechts. JJB 65/66, S. 134—158.

Pawlowski: Die Aufgabe des Richters bei der Bestimmung des Verhältnisses von *Recht, Sittlichkeit* und Moral. ARSP 1964, S. 503 ff.

Philipps, Lothar: Braucht die Rechtswissenschaft eine *deontische Logik?* in: Rechtstheorie, Hrsg. Jahr, Maihofer, 1971. S. 352 ff.

Plassmann, Norbert: Die Bindung des *Außenseiters.* JZ 1963, S. 273 ff.

— *Bündnisverträge* gegen den Wettbewerb. JZ 1964, S. 670—674.

Podlech, Adalbert: *Wertungen* und Werte im Recht. AöR 1970 (= Bd. 95), S. 185—223.

Podlech, Adalbert: *Rechtskybernetik* — eine juristische Disziplin der Zukunft. JJB 69/70, S. 158 ff.

Popitz, Heinrich: Der Begriff der *sozialen Rolle* als Element der soziologischen Theorie. Tübingen 1967.

Popper, Karl R.: Die Logik der *Sozialwissenschaften* in Kölner Zeitschrift für Soziologie und Sozialpsychologie 1962, S. 233—248.

— Das Elend des *Historismus.* 2. Aufl. Tübingen 1969.

— Was ist *Dialektik?* in: Logik der Sozialwissenschaften, Hrsg. Topitsch, 1970. S. 262 ff.

— *Logik* der Forschung. 4. Aufl. Tübingen 1971.

Priester, Jens-Michael: *Rechtstheorie* als analytische Wissenschaftstheorie in: Rechtstheorie, Hrsg. Jahr, Maihofer, 1971. S. 13 ff.

— Das Prinzip der Wertfreiheit in den Sozialwissenschaften und das *L'art-pour-l'art-Prinzip* in der Kunst in: Rechtstheorie, Hrsg. A. Kaufmann, 1971. S. 35 ff.

Raiser, Ludwig: *Vertragsfreiheit* heute. JZ 58, 1 ff.

— *Rechtsschutz* und Institutionenschutz im Privatrecht in: Summum ius — summa iniuria. Tübingen 1963. S. 145—167.

Raiser, Thomas: Einführung in die *Rechtssoziologie.* Berlin 1972.

Ramm, Thilo: Abschied vom *Mätressentestament.* JZ 1970, S. 129 ff.

Rasor, Alexander und Manfred *Schidermair: Preisbindung* und geltendes Recht. NJW 1963, S. 85 ff.

Rehbein, H.: Das *bürgerliche Gesetzbuch* mit Erläuterungen. Bd. I. Berlin 1899.

RGRK: Das bürgerliche Gesetzbuch. Reichsgerichtsräte-Kommentar. 11. Aufl. Berlin 1959.

Reimer, Eduard: *Wettbewerbs-* und Warenzeichen*recht.* 4. Aufl. Bd. 2. Köln, Berlin, Bonn, München 1972.

Rheinfels: Wann ist *Preisschleuderei* sittenwidrig? WuW 1956, S. 785.

Rinck, Gerd: *Gute Sitten* im Wettbewerb. Insbesondere Verdrängung vom Markt durch übermäßige Werbung. Göttinger Festschrift für das OLG Celle. Göttingen 1961. S. 151—174.

Rottleuthner, Hubert: *Klassenjustiz?* Kritische Justiz, 1969, S. 1—26.

Sack, Rolf: *Sittenwidrigkeit,* Sozialwidrigkeit und Interessenabwägung. GRUR 1970, S. 493 ff.

v. Savigny, Eike: Die *Überprüfbarkeit* der Strafrechtssätze. Freiburg, München 1967.

— Die Philosophie der *normalen Sprache.* Frankfurt a. M. 1969.

v. Savigny, Eike: Grundkurs im wissenschaftlichen *Definieren*. München 1970.

— Zur Rolle der *deduktiv-axiomatischen Methode* in der Rechtswissenschaft in: Rechtstheorie, Hrsg. Jahr, Maihofer, 1971. S. 315 ff.

— Stichwort „*Wissenschaftstheorie*" in: Herders Staatslexikon. 6. Aufl. Freiburg 1971. Spalte 737—767.

Scheler, Max: Der *Formalismus* in der Ethik und die materiale Wertethik. 4. Aufl. Bern 1954.

Schlegelberger: Kommentar zum *HGB*. 4. Aufl. Berlin, Frankfurt a. M. 1965.

Schmidt, Jürgen: *System* und Systembildung in der Rechtswissenschaft in: Rechtstheorie, Hrsg. Jahr, Maihofer, 1971. S. 384 ff.

— Einige Bemerkungen zur *Präzision* der Rechtssprache in: Jahrbuch für Rechtssoziologie und Rechtstheorie. Bd. 2, Hrsg. Albert, Luhmann, Maihofer, Weinberger, Düsseldorf 1972. S. 390 ff.

Schreiber, Rupert: *Logik* des Rechts. Berlin, Göttingen, Heidelberg 1962.

Schricker, Gerhard: *Gesetzesverletzung* und Sittenverstoß. München 1970.

Schroth, Ulrich: Zum Problem der *Wertneutralität* richterlicher Tatbestandsfestlegung im Strafrecht in: Rechtstheorie, Hrsg. A. Kaufmann, 1971, S. 103—110.

Seiffert, Helmut: Einführung in die *Wissenschaftstheorie*. München. Bd. 1, 3. Aufl. 1971. Bd. 2, 2. Aufl. 1971.

— Einführung in die *Logik*, logische Propädeutik und formale Logik. München 1973.

Simitis, Konstantin: Gute Sitten und *ordre public*. Marburg 1960.

Soergel / Siebert: Kommentar zum *BGB:* Stuttgart, Berlin, Köln, Mainz 1967. 10. Aufl.

Spittler, Gerd: *Norm* und Sanktion. Untersuchungen zum Sanktionsmechanismus. Freiburg 1967.

v. Staudiger, Julius: Kommentar zum *BGB*. Bd. I, Allgem. Teil. 11. Aufl. Berlin 1957.

Stegmüller, Wolfgang: *Hauptströmungen* der Gegenwartsphilosophie. 3. Aufl. Stuttgart 1965.

— Probleme und Resultate der Wissenschaftstheorie und *analytischen Philosophie*. Bd. I. Wissensch. Erklärung und Begründung. Berlin, Heidelberg, New York 1969.

— Bd. II, Theorie und Erfahrung. Berlin u. a. 1970.
Bd. IV. Personelle und statistische Wahrscheinlichkeit. Berlin u. a. 1973.

Steindorff, Ernst: Die guten Sitten als *Freiheitsbeschränkung* in: Summum ius-summa iniuria. Tübingen 1963. S. 58—79.

Strache, E.: Das Denken in *Standards*. Berlin 1968.

Teubner, Gunther: Die guten Sitten als *Standard* und Direktive. Tübingen 1970.

Thomas, Heinz und Hans *Putzo:* Kommentar zur *Zivilprozeßordnung*. 6. Aufl. München 1972.

Topitsch, Ernst: Über *Leerformeln* in: Probleme der Wissenschaftstheorie, Festschrift für V. Kraft. Wien 1960. S. 233 ff.

Topitsch, Ernst: *Sozialphilosophie* zwischen Ideologie und Wissenschaft. Neuwied 1961.

— Probleme des *Naturrechts* in: Naturrecht oder Rechtspositivismus, Hrsg. Maihofer, Bad Homburg, 1962.

— *Sprachlogische Probleme* der sozialwissenschaftlichen Theoriebildung in: Logik der Sozialwissenschaften, Hrsg. Topitsch, 1970. S. 17 ff.

Ulmer, Eugen und Dietrich *Reimer:* Das Recht des *unlauteren Wettbewerbs* in den Mitgliedsstaaten der Europäischen Wirtschaftsgemeinschaft. Bd. III, Deutschland. Köln 1968.

Venzlaff, Friedrich: Über die Schlüsselstellung des *Rechtsgefühls* bei der Gesetzesanwendung. Frankfurt a. M. 1973.

Wagner, Heinz und Karl *Haag:* Die *moderne Logik* in der Rechtswissenschaft. Bad Homburg, Berlin, Zürich 1970.

Weber, Max: Gesammelte Aufsätze zur *Wissenschaftslehre*. 3. Aufl. Tübingen 1968. Hrsg. J. Winckelmann.

Wegerhoff, Bruno: Zur *Prüfungspflicht* bei Sicherungsübereignungen. Betr. 1955, S. 549.

Weinberger, Ota: Bemerkungen zur Grundlegung der *Theorie juristischen Denkens* in: Jahrbuch f. Rechtssoziologie und Rechtstheorie, Bd. 2, Hrsg. Albert, Luhmann, Maihofer, Weinberger, 1972.

Weinkauff, Hermann: Richtertum und *Rechtsfindung* in Deutschland in: Berliner Kundgebung 1952 des deutschen Juristentags. Tübingen 1952. S. 13—34.

— Der *Naturrechtsgedanke* in der Rechtsprechung des BGH in: Naturrecht oder Rechtspositivismus, Hrsg. Maihofer, Bad Homburg 1962.

Weischedel, Wilhelm: Recht und *Ethik*. Zur Anwendung ethischer Prinzipien in der Rechtsprechung des BGH. 2. Aufl. Karlsruhe 1959.

Welzel, Hans: Gesetz und *Gewissen* in: Festschrift zum 100jährigen Bestehen des deutschen Juristentags 1860—1960. Bd. 1, Karlsruhe 1960.

— *Naturrecht* und materiale Gerechtigkeit. 4. Aufl. Göttingen 1962.

Westermann, Harry: *Interessenkollisionen* und ihre richterliche Wertung bei den Sicherungsrechten an Fahrnis und Forderungen. Karlsruhe 1954.

Wieacker, Franz: Das *Sozialmodell* der klassischen Privatrechtsgesetzbücher und die Entwicklung der modernen Gesellschaft. Karlsruhe 1953.

Wieacker, Franz: *Privatrechtsgeschichte* der Neuzeit. 2. Aufl. Göttingen 1967.

— *Recht und Sittlichkeit*. Über die Beziehungen der Rechtsordnung zu den ethischen Normen. Zeitwende 1969, S. 244—255.

Wittgenstein, Ludwig: *Tractatus* logico-philosophicus. (Logisch-philosophische Abhandlungen) Frankfurt a. M. 1963.

— Philosophische *Untersuchungen*. Frankfurt a. M. 1973.

Zippelius, Reinhold: *Wertungsprobleme* im System der Grundrechte. München, Berlin 1962.

— *Wesen* des Rechts. 3. Aufl. München 1973.

— Einführung in die juristische *Methodenlehre*. 2. Aufl., München 1974.

Zippelius, Reinhold: Über die *Wahrheit* von Werturteilen in: Festgabe für Theodor Maunz zum 70. Geburtstag, München 1971. S. 506—520.

Zweigert, Konrad: Referat: Reform des Unehelichenrechts in: Verhandlungen des 44. deutschen Juristentags, Hannover 1962. Bd. II Tübingen 1964.

Kolibri 360 GmbH
Ferdinand-Jühlke-Straße 7
99095 Erfurt, Deutschland
produktsicherheit@kolibri360.de

Druck:
CPI Druckdienstleistungen GmbH
im Auftrag der
Kolibri 360 GmbH
Ferdinand-Jühlke-Str. 7
99095 Erfurt